U0924351

中等职业教育课程改革规划新教材

QICHE ZHUANGPEI YU TIAOSHI

汽车装配与调试

主　编　马亚男
副主编　王朝晖　牟善平
编　委　秦泗欣　牛　伟　李　涛　杨吉英
秦四波　汤荣磊　杨志明　何　健
徐秋莹　孟　杰　吕全良　袁玉军

四川大学出版社

责任编辑:梁　平
责任校对:王　涵
封面设计:墨创文化
责任印制:王　炜

图书在版编目(CIP)数据

汽车装配与调试 / 马亚男主编. —成都: 四川大学出版社，2014.12
ISBN 978-7-5614-8206-3

Ⅰ.①汽…　Ⅱ.①马…　Ⅲ.①汽车-装配（机械）-中等专业学校-教材②汽车-调试方法-中等专业学校-教材　Ⅳ.①U463

中国版本图书馆 CIP 数据核字（2014）第 285563 号

书名　**汽车装配与调试**

主　编	马亚男
出　版	四川大学出版社
地　址	成都市一环路南一段 24 号 (610065)
发　行	四川大学出版社
书　号	ISBN 978-7-5614-8206-3
印　刷	成都金龙印务有限责任公司
成品尺寸	185 mm×260 mm
印　张	6.75
字　数	158 千字
版　次	2014 年 12 月第 1 版
印　次	2020 年 1 月第 2 次印刷
定　价	24.00 元

◆读者邮购本书,请与本社发行科联系。
电话:(028)85408408/(028)85401670/
(028)85408023　邮政编码:610065
◆本社图书如有印装质量问题,请寄回出版社调换。
◆网址:http://press.scu.edu.cn

前　言

自开始课改以来，我校与山东省五征集团密切合作，对学生进行定向培养，编写具有特色的校本教材。为保证校本教材更好地服务区域企业和学生，学校成立了专门的教材调研与编制小组，小组采取分工合作的方式，制订详细的教材编写方案，并做好需求分析和资源分析。本教材的编写以汽车装配与调试人才需求调查和职业能力分析为基础，贯彻以就业为导向、以能力为本位、以素质为基础、以企业需求和学生发展为目标的思想，坚持科学合理、务实够用的原则，密切结合企业岗位设置和企业岗位技能的需求，重点培养和训练学生的职业能力。

在我校汽车专业建设指导委员会指引下，本教材以五征集团典型车型为代表，分项目进行编写，并配备相应的工单，保证学生学完就练，为行业发展和区域经济建设培养应用型技能人才。

本教材共分为四个项目：项目一汽车装配基础知识由牟善平、徐秋莹、孟杰编写，项目二汽车总装线由秦泗欣、李涛、汤荣磊、袁玉军编写，项目三发动机的装配与调试由马亚男、杨吉英、秦四波、杨志明编写，项目四农用三轮汽车的装配与调试由王朝晖、牛伟、何健、吕全良编写。本教材由马亚男担任主编并统稿。同时本教材的编写得到了天津职业技术师范大学申荣卫教授、日照职业技术学院许崇霞教授和冯德军教授以及山东省五征集团全国技术能手张念利的指导，在此表示真诚的感谢。

由于编者的经历与水平有限，教材内容难以覆盖全国各地的实际情况，希望各单位在积极选用和推广本教材的同时，注重总结经验，提出修改意见和建议，以便再版修订时改正。

目　　录

项目一　汽车装配基础知识

项目描述

汽车是各种零部件的有机组合体。汽车生产的最后一道工序必定是装配（包括检测和调整），否则各种零部件无法组合在一起并发挥应有的功能。所谓装配就是将各种零部件、合件或总成按规定的技术条件和质量要求连接组合成完整产品的生产过程，也可称为“使各种零件部件、合件或总成具有规定的相互位置关系的工艺过程”。

项目目标

1. 了解装配的定义。
2. 掌握装配的内容要点。
3. 掌握装配工具的使用。

项目任务

1. 汽车产品总装配的内容要点。
2. 汽车装配的工具使用。

项目实施

任务一　汽车总装配的内容要点

任务分析

装配工作是产品制造过程中的最后一道工序。装配工作的好坏，对产品质量起着决定性的作用。在装配时，若零件间的配合不符合规定的技术要求，或各零部件间的相互位置不正确，则装配后必将影响机器的工作性能，使机器无法正常运转。相反，尽管某些零件质量不高，但通过装配时的仔细修理和调整，也能装配出性能良好的产品。所以装配工作是一项非常重要而细致的工作，必须认真做好。而要想做一名合格的装配工，必须掌握相关的装配内容要点。

相关知识

一、装配的基本概念

在生产过程中，按技术要求，将若干个零件（合件）组成一个组件或部件，或将若干零件、部件组装成一个机器的过程，称为装配。

零件——组成机器的基本单元，它是由整块金属或其他材料组成的。

合件——若干零件永久连接（如铆接、过盈配合等）或连接后再经加工而成。

组件——一个或几个合件与零件的组合，在结构上具有一定的独立性。

部件——若干组件、合件及零件的组合体，具有一定独立功能的结构单元。

二、装配工作的基本组成

组件装配——将零件、合件装配成组件的过程，简称组装。

部件装配——将零件、合件和组件装配成部件的过程，简称部装。

总装配——将零件、合件、组件和部件最终装配成机器的过程，简称总装。

三、装配的重要性

装配工作是产品制造过程中的最后一道工序。装配工作的好坏，对产品质量起着决定性的作用。在装配时，若零件间的配合不符合规定的技术要求，或各零部件间的相互位置不正确，则装配后必将影响机器的工作性能，使机器无法正常运转。相反，尽管某

些零件质量不高，但通过装配时的仔细修理和调整，也能装配出性能良好的产品，所以装配工作是一项非常重要而细致的工作，必须认真做好。

四、装配的工艺规程及内容

装配工艺规程是指导装配施工的主要技术文件之一。其内容是规定产品及部件的装配顺序、装配方法、装配技术要求和检验方法及装配所需设备、工具、时间定额等，是指导高质量、高效率装配的必要措施，也是组织生产的重要依据。

五、常用的装配方法及应用场合

1. 完全互换装配法

在装配时各配合零件不经修配、选择或调整即可达到装配精度的方法称为完全互换装配法。

特点：装配简单，生产率高；便于流水作业；维修更换方便；对零件加工精度要求高、制造成本高。适用于配合精度要求不太高或批量较大的场合。

2. 分组选择装配法

在成批大量生产中，将产品各配合的零件按实测尺寸分组，然后按相应的组分别进行装配，在相应组进行装配时无须再选择的装配方法，称为分组选择装配法。

特点：经分组后再装配，提高了装配精度；零件的制造公差可适当放大，降低了成本；增加了零件的测量分组工作。适用于大批量生产中装配精度要求很高、组成环数较少的场合。

3. 修配装配法

在装配时，根据装配的实际需要，在某一零件上去除少量的预备修配量，以达到装配精度的方法称为修配法。

特点：零件的加工精度可大大降低；无须采用高精度的设备，而能得到很高的装配精度；装配周期长，生产率低，对工人技术水平要求较高。适用于单件生产、小批量生产。

4. 调整装配法

在装配时，根据装配实际的需要，改变产品中可调整零件的相对位置或选用合适的调整零件以达到装配精度的方法称为调整装配法。

特点：零件可按调整达到技术要求；便于维护和修理；生产效率低，对工人技术要求高。除必须采用分组装配的精密配件外，调整法一般可用于各种装配配合。

六、装配工作中的要点

（1）做好零件的清理和清洗工作，包括去除残留的型砂、铁锈、切屑等。零件上的油污、铁锈及附着物，可用柴油、煤油或汽油进行清洗，然后用压缩空气吹干。

（2）相配表面在配合或连接前，一般都需要加润滑剂。

（3）相配零件的配合尺寸要准确，对较重要配合尺寸应进行复检或抽检。

(4) 做到边装配边检查，每装完一部分都应检查是否符合要求。总之汽车装配的过程当中，要牢固树立"质量第一，安全第一"的思想意识，积极遵守工艺纪律及遵照质量管理各项规定要求，以严肃认真的工作态度、正确科学的操作方法和团结协作的团队精神，搞好产品装配生产作业。

任务拓展

如何进行汽车装配所用工具的选择?

任务二　汽车装配的工具使用

任务分析

汽车在装配的过程当中，为了保证汽车的生产效率，必须学会正确地、合理地进行装配工具的选用。因此要求学生掌握汽车装配常用工具的名称以及用途。

相关知识

一、常用工具的名称以及用途

1. 钢丝钳（如图 1—1 所示）

用途：用于夹持或弯折薄片形、圆柱形金属零件及切断金属丝，其旁刃口也可用于切断细金属丝。

规格：分柄部不带塑料套（表面发黑或镀铬）和带塑料套两种。

长度（mm）：160、180、200。

图 1—1　钢丝钳

2. 尖嘴钳（如图 1—2 所示）

用途：用于在比较狭小的工作空间中夹持零件，带刃尖嘴钳还可用于切断细金属丝，为仪表、电信器材、家用电器等的装配、维修工作中常用的工具。

图 1—2 尖嘴钳

规格：分柄部不带塑料套和带塑料套两种。

长度（mm）：125、140、160、180、200。

3. 双头呆扳手（如图 1—3 所示）

用途：用以紧固或拆卸六角头或方头螺栓（螺母）。双头扳手由于两端开口宽度不同，每把扳手可适用于两种规格的六角头或方头螺栓。

规格：双头呆扳手规格指适用的螺栓的六角头或方头对边宽度（mm），有 13、16、18、21 和 34 等。

图 1—3 双头呆扳手

4. 单头呆扳手（如图 1—4 所示）

用途：用以紧固或拆卸一种规格的六角头或方头螺栓（螺母）。

规格：单头呆扳手规格指适用的螺栓的六角头或方头对边宽度（mm）。

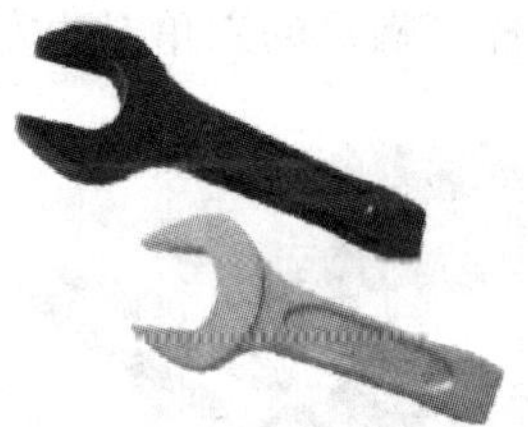

图 1—4 单头呆扳手

5. 梅花扳手（如图 1—5 所示）

用途：与双头呆扳手相似，但只适用于六角头螺栓（螺母）。其特点是承受扭矩大，使用安全，特别适用于空间较狭小、位于凹处、不能容纳双头呆扳手的工作场合。

规格：按适用的螺栓的六角头对边宽度，分 6 件组、8 件组、10 件组和新 5 件组、新 6 件组。

图 1—5 梅花扳手

6. 接杆（如图 1—6 所示）

用途：作为各种传动附件与套筒之间的一种连接附件，以便旋动位于深凹部位的螺栓、螺母。

图 1-6　接杆

规格（mm）：6.3、10、12.5、20 和 25。

7. 接头（如图 1-7 所示）

用途：作为不同传动方尺寸的带方孔和方榫的传动附件、接杆、套筒之间的一种连接附件。

规格（mm）：6.3、10、12.5、20 和 25。

图 1-7　接头

8. 套筒扳手套筒（别名：套筒头）（如图 1-8 所示）

用途：手动套筒扳手或机动套筒扳手的工作附件（工作头），带方孔的一端与传动附件或机动套筒扳手的方榫连接，带十二（六）角孔的一端套在六角头螺栓、螺母上，用于紧固或拆卸螺栓、螺母。

规格：基本尺寸 S（使用螺栓、螺母的六角对边宽度）。

图 1-8　套筒

9. 一字形螺钉旋具（别名：螺丝刀）（如图 1-9 所示）

用途：用于紧固或拆卸一字槽螺钉。木柄和塑柄螺钉旋具分普通和穿心式两种。穿心式能承受较大的扭矩，并可在尾部用手锤敲击。旋杆设有六角形断面加力部分的螺钉旋具能用相应的扳手夹住旋杆扳动，以增大扭矩。

规格：公称厚度×公称宽度（mm），有 0.4×2、0.4×2.5、0.5×3、0.6×3、0.6×3.5、0.8×4、1×4.5、1×5.5、1.2×6.5、1.2×8、1.6×8、1.6×10、2×12、2.5×14 等。

图 1-9　一字形螺钉旋具

10. 十字形螺钉旋具（别名：螺丝刀）（如图 1—10 所示）

用途：用于紧固或拆卸十字槽螺钉。木柄和塑柄螺钉旋具分普通和穿心式两种。穿心式能承受较大的扭矩，并可在尾部用手锤敲击。旋杆设有六角形断面加力部分的螺钉旋具能用相应旋具的扳手夹住旋杆扳动，以增大扭矩。

规格（槽号）：0、1、2、3、4。

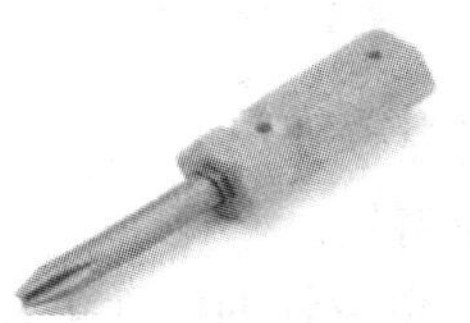

图 1—10 十字形螺钉

11. 手动铆螺母枪（别名：铆螺母手动枪）（如图 1—11 所示）

用途：专供单面铆接（拉铆）铆螺母用的手工工具，需用双手进行操作。

规格（外形尺寸）（mm）：490×172×50（适用铝质铆螺母规格：M5～M6）、345×160×42（适用铝质铆螺母规格：M3、M4）。

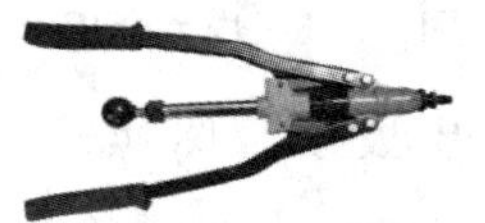

图 1—11 手动铆螺母枪

12. 棘轮扳手（如图 1—12 所示）

用途：旋转套筒用的一种传动附件。其特点是利用棘轮机构可在旋转角度较小的工作场合进行操作。普通式带有方孔。

规格（mm）：6.3、10、12.5 和 20。

图 1—12 棘轮扳手

13. 万向接头（如图 1—13 所示）

用途：用作各种传动附件与套筒之间的一种连接附件，其作用与转向手柄相似。

规格（mm）：6.3、10、12.5、和 20。

图 1—13 万向接头

14. 管子钳（如图 1—14 所示）

用途：用于紧固或拆卸各种管子、管路附件或圆形零件。为管路安装或修理常用工具。其钳体除用可锻铸铁或碳钢制造外，另有铝合金制造，其特点是重量轻，使用轻便，不易生锈。

规格：规格指夹持管子最大外径时管子钳全长（mm），有 150、200、250、300、350、450、600、900、1200 等。

图 1—14　管子钳

15. 内六角扳手（如图 1—15 所示）

用途：供紧固或拆卸内六角螺钉用。

规格：公称尺寸（相当于内六角螺钉的内六角孔对边尺寸，mm）有 12、14、17、19、22、24、27、32 和 36 等。

图 1—15　内六角扳手

16. 钩形扳手（别名：月牙扳手、圆螺母扳手）（如图 1—16 所示）

用途：专供紧固或拆卸机床、车辆、机械设备上的圆螺母用。

规格（适用于圆螺母的外径范围）（mm）：22～26、28～32、34～36、38～42、45～52、55～62、78～85、90～95、100～110、115～130、135～145、150～160、165～170。

图 1—16　钩形扳手

17. 扭力扳手（如图 1—17 所示）

用途：配合套筒扳手套筒，供紧固六角头螺栓、螺母用，在扭紧时可以表示出扭矩数值。凡是对螺栓、螺母的扭矩有明确规定的装配工作（如汽车、拖拉机等的气缸装配），都要使用这种扳手。

先设定扭矩值，操作时，如施加扭矩超过设定值，扳手即产生打滑现象，以保证螺栓（螺母）上承受的扭矩不超过设定值。

规格：

(1) 指示式扭矩（N・m）：100、200、300、500。

(2) 预置式扭矩范围（N・m）：0～10、20～100、80～300、280～750、750～2000。

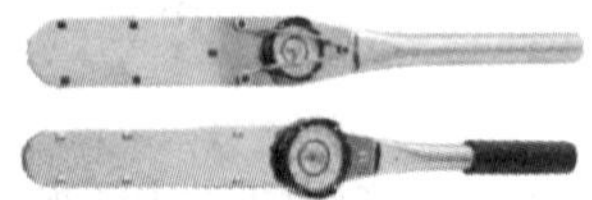

图 1—17　扭力扳手

18. 气钻（如图 1—18 所示）

用途：配用钻头，用于对金属材料、木材、塑料等材质的工件钻孔。

规格（本处指产品系列，mm）：6、8、10、13、16、22、32、50、80。

图 1—18 气钻

19. 气动螺丝刀（如图 1—19 所示）

(1) 用途：配用一字形或十字形螺钉刀头，用于装拆各种带槽螺钉。

(2) 规格（本处指产品系列，mm）：2、3、4、5、6。

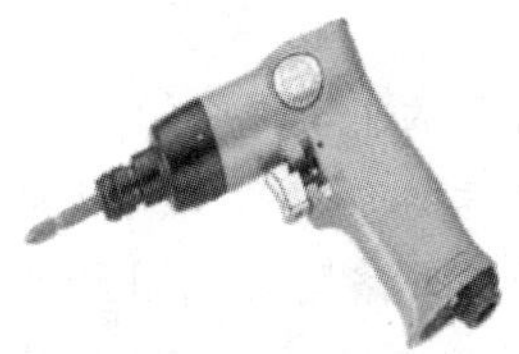

图 1—19 气动螺丝刀

20. 冲击式气扳机（如图 1—20 所示）

用途：配用套筒，用于装拆六角头螺栓或螺母。广泛应用于汽车、拖拉机、机车车辆、柴油机、飞机等机器制造业的组装线，也常用于电站、桥梁施工、油田、煤田开发以及混凝土结构。

规格（产品系列，mm）：6、10、14、16、20、24、30、42、56、76、100。

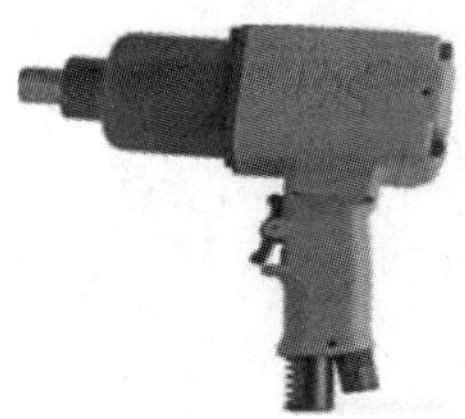

图 1—20 冲击式气扳机

任务拓展

根据任务内容能够在汽车装配中选择合适的工具。

项目测练

一、填空题

1. 零件是组成（　　）的基本单元，它是由（　　　）组成的。
2. 装配的常用方法有（　　　　）、（　　　　）、（　　　　）、（　　　　）。
3. 尖嘴钳的用途有（　　　　　　），规格有（　　　　　　　　）。

二、选择题

1. 供紧固或拆卸内六角螺钉用的工具是（　　）

A. 尖嘴钳　　B. 内六角　　C. 气动螺丝刀　　D. 扭力扳手

2. 用于紧固或拆卸各种管子、管路附件或圆形零件的工具是（　　）

A. 管子钳　　B. 套筒　　C. 棘轮扳手　　D. 钩形扳手

3. 用作不同传动方尺寸的带方孔和方榫的连接附件是（　　）

A. 接头　　B. 尖嘴钳　　C. 开口扳手　　D. 梅花扳手

三、简答题

1. 汽车装配的定义是什么？

2. 叙述装配方法及其应用场合。

3. 详述汽车装配常用工具的用途与规格。

项目二　汽车总装线

项目描述

在载货汽车总装配现代化大生产的条件下，特别是载货汽车在进行大批量流水作业的情况下，正确地认识总装流水线和汽车装配工艺过程中的其他工艺设备，对将来正确选择和配置设备，提高生产效率，保证整车产品质量，获得良好的经济效益，具有十分重要的作用。

项目目标

1. 认识汽车总装配流水线的形式和特点。
2. 掌握汽车装配的基本要求。
3. 掌握汽车总装配主要部件的装配步骤。

项目任务

1. 汽车总装配流水线的形式学习。
2. 汽车装配的基本要求学习。
3. 汽车总装配主要部件的装配步骤学习。

项目实施

任务一　汽车总装流水线与装配要求

任务分析

汽车总装流水线是汽车装配中非常重要的装配工艺设备，其结构形式对装配质量、装配生产效率、装配方便性与安全性及劳动强度等方面均有密切关系，因而应对其有清楚的认识。

相关知识

一、汽车总装流水线

因汽车产品生产主要是批量生产类型，汽车总装线流水线一般采用强制性移动的自动流水线，有以下运行形式。

1. 间歇流水式

这种运行方式主要适用于中批量生产的轿车厂和载货车厂。这种装配线由一条或几条输送链组成，车身、车架支撑和悬挂在输送链上按照一定的节拍时间进入第一工位开始装配，间隔流动。即装配的车辆在每一个装配工位静止，完成本工位装配内容后快速流动到下一个工位装配，依次下去直到整个装配内容完毕。这种形式的装配线相对比较短，装配时间内车辆静止不动，有利于工人操作。但由于输送链在运动时间内不能装配，则等工工时的浪费不可避免，同时对各工位的操作时间均衡性和零件质量要求比较高。所以它不适用于节拍比较短的大批量生产，另外这种形式由于流水线比较短，也无法在生产批量增加的情况下将其改为强制流水式装配线。

2. 连续流水式

这种运行方式主要用于大批量生产类型，也是目前国内外大多数汽车厂普遍采用的形式。这种形式的输送链在连续不断地慢速运行，当制品运行到每一个工位区域时，操作者利用制品通过本区域的这段时间装配。这种形式没有等工工时的浪费，但装配线一般比较长，线上工人劳动强度大，同时对工人的操作熟练程度要求高。该形式输送链的速度可随产量及工人装配熟练度的不同在一定范围内进行调整，在工厂初期生产产量未达到生产要求时也可以调整为间歇流水式。

二、汽车总装配技术要求

汽车总装配是汽车的最后一道工序，装配质量的高低直接关系到整车质量。因此，在整车装配的过程中，必须达到下列技术要求。

1. 装配的完整性

必须按工艺规定，将所有零部件、总成全部装上，不得有漏装、少装现象，不要忽视小零件，如螺钉、平垫圈、弹簧垫圈、开口销。

2. 装配的统一性

按照生产计划，对基本车型按工艺要求装配，不得误装、错装和漏装，装配方法必须符合工艺要求。装配要统一：两车间装的同种车型统一、同一车间装的同种车型统一、同一工位装的同样车型统一，即“三统一”。

3. 装配的紧固性

凡是螺栓、螺母、螺钉等件必须达到规定的扭矩要求。应交叉紧固的必须交叉紧固，否则会造成螺母松动现象，带来安全隐患。螺纹连接严禁松动现象，不过，过紧会造成螺纹变形、螺母卸不下来的情况。

4. 装配的润滑性

按工艺要求，凡润滑部位必须加注定量的润滑油和润滑脂。以发动机为例，如果润滑油过少或漏加，发动机运转起来，就会很快造成齿轮磨损和拉缸现象，直到整机损坏；加注过多，发动机运转时润滑油很容易窜到燃烧室，燃烧后产生积碳。因此加油量必须符合工艺要求。

5. 装配的密封性

(1) 冷却系统的密封性：各接头不得漏水。

(2) 燃油系统的密封性：各管路连接和燃油滤清器等件不得有漏漆漏油现象。

(3) 各油封装配密封性：装油封时，应将零件拭干净，涂好机油，轻轻装入，油封不到刃口，否则会漏油。

(4) 空气管路装配密封性：要求空气管路的连接处必须均匀涂上一层密封胶，锥管接头要涂在螺纹上，管路连接胶管要涂在管箍接触面上，管路不得变形或歪斜。

三、装配中的连接

装配要把各种零部件、合件或总成组合起来，其主要的方法就是连接。装配中的连接可以分为以下几类。

1. 可拆式活动连接

两件或两件以上零件自身或借助其他零件连接后，零件之间能相对运动，可拆卸后再连接，不损坏其中任何一个零件，例如铰接、圆柱销连接。

2. 不可拆式活动连接

两件或两件以上零件自身或借助其他零件连接后，零件之间能相对运动，但不能再拆开，或者拆开后必定损坏其中一件或几件零件，不加修复或更换不能重新连接，如轴承。

3. 可拆式固定连接

两件或两件以上零件自身或借助其他零件连接后，零件之间不能相对活动，可以拆开且可以重新连接而不损坏其中任何零件。这种连接在汽车生产中最为常见，如螺纹连接、借助螺钉或螺栓螺母的连接、键连接等。

（1）螺纹连接的类型及作用。

螺纹连接在汽车装配中较为普遍，大部分螺纹起固定作用，要求保证连接的强度（有的还要求密封性，如气管、油管的管接头的螺纹连接），起固定作用的螺纹称为连接螺纹；还有部分起传动作用，要求保证传动的精度、效率和磨损寿命，起传动作用的螺纹称为传动螺纹。

（2）螺纹连接的预紧及防松。

绝大部分的螺纹连接在装配时都必须拧紧，使连接在承受工作载荷之前，预先受到力的作用，预紧的目的在于增强连接的可靠性和紧密性。连接螺纹能满足自锁条件，再加上螺母与螺栓头部等支承面的摩擦力，在静载荷和温度变化不大时，螺纹连接不会自动松脱。但在冲击、振动或变载荷的作用下，螺旋副间的摩擦力可能减小或瞬时消失，多次重复就会脱松。因此螺纹连接必须防松。

四、汽车总装配的工艺概述

汽车是一种复杂的机械产品，主要由发动机、底盘、车身（含驾驶室和车厢）和电器四大部分构成。底盘部分又由传动系统、行驶系统、转向系统、制动系统、操纵系统、燃料供给系统等组成。按组成汽车的大总成分，由发动机总成（带有变速箱、离合器）、前轴及钢板弹簧总成、后桥总成、车架、轮胎、驾驶室、车厢等组成。一辆中重型卡车总装配的零部件、总成大约有 500 多种、2000 多件，因此汽车总装配是一项相当复杂的工作。汽车总装配就是使生产对象（零部件）在数量、外观上发生变化的工艺过程，一系列的量变必定引起一系列的质变。数量的变化表现在装配过程中，零部件、总成的数量在不断增加并相互有序地结合起来。外观的变化表现为零部件、总成之间有序结合后具有一定的相互位置关系，外形在不断地变化，最后成为一辆整车。所以，汽车总装配也就是使汽车各零部件和总成具有一定的相互位置关系并形成整车的工艺过程。

五、汽车总成装配的特点

由于汽车结构复杂、零部件及合件繁多，因此汽车总装配具有以下特点：

（1）连接方式多样。汽车装配过程中的连接，一般情况下除了焊接方式外其他连接方式几乎都有，但最多的连接是可拆式固定连接和可拆式活动连接，即螺纹连接和键连接、销连接。

（2）配件的品种、数量繁多，装配关系复杂，装配位置多样，由此决定了它仍然以手工为主。

(3) 大批量生产。一般来说，一个汽车制造厂的汽车年产量应在几万辆以上，而通常认为建设一个轿车厂的经济规模为年产 15 万辆以上。所以汽车制造厂是技术密集型、资金密集型的大批量生产的企业，汽车总装配具有现代化企业大批量生产的特点，它是人与机、技术与管理的有机结合。

任务二 汽车总装配的部件实例

任务分析

汽车总装配所包含的零部件很多，本任务主要是对汽车总装配的主要零部件的装配步骤进行描述。因而，有必要熟悉这些零部件的装配步骤。

相关知识

汽车总装配所包含的内容比较多，本任务主要讲述汽车上主要零部件的装配步骤。

一、方向机转向柱轴的装配步骤

(1) 按照生产计划选取合格的转向柱轴与组合开关组装件、调整手柄（如图 2-1 所示），将不合格品放置于不合格品存放区。

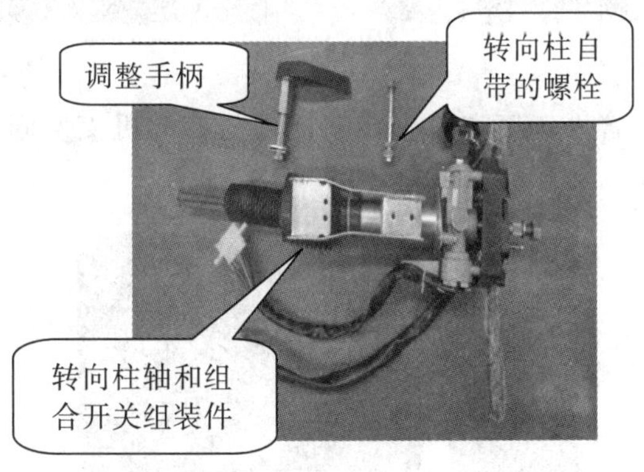

图 2-1

（2）取下电锁钥匙，插入门锁孔检查是否转动灵活并可以开启（如图 2—2 所示）。

图 2—2

（3）进入驾驶室内，将转向柱轴花键插入转向护罩内，并与转向器上的花键管柱连接，将方向机转向柱轴顺时针旋转，使方向机转向柱轴支架转至正前方位置（如图 2—3、图 2—4 所示）。

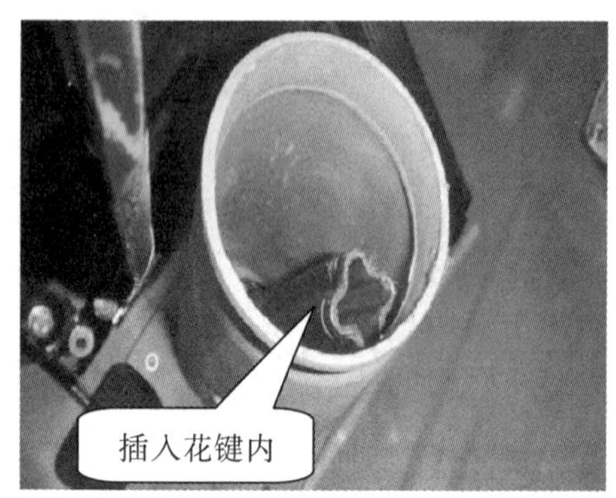

图 2—3

图 2—4

（4）调整转向柱轴合件，使方向机转向柱轴与方向机支架固定孔对正（如图 2—5 所示）。

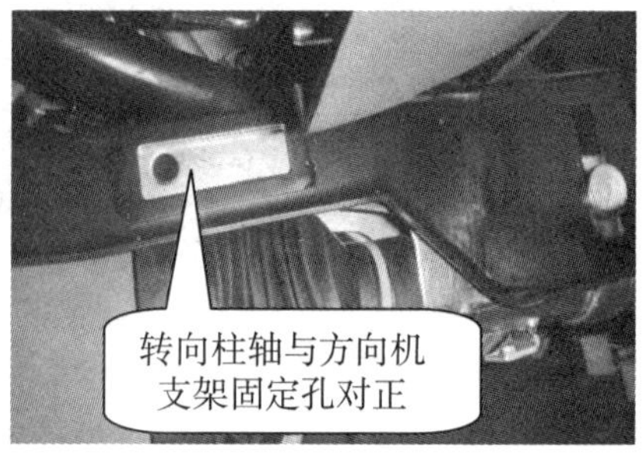

图 2—5

（5）取转向柱自带的螺栓，将法兰面螺母和限位块拆下。

（6）将自带螺栓由方向机支架下端的连接固定孔从左向右穿过，将两端限位块平面对正方向机支架长槽孔（如图 2—6 所示），拧上法兰面螺母，并用叉扳紧固（如图 2—7

所示)。

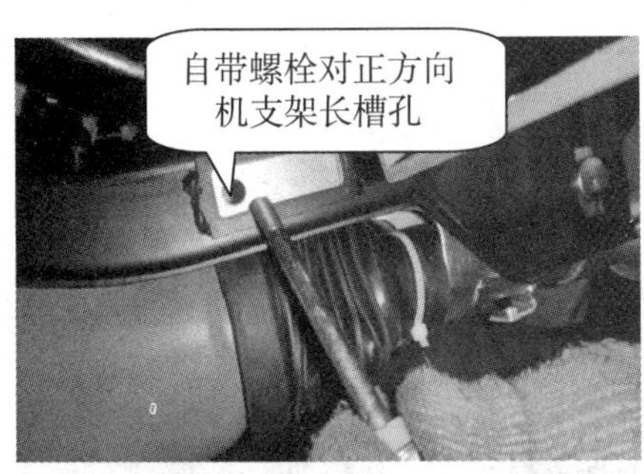

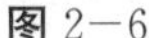
图 2—6

图 2—7

(7) 取自带调整手柄，将调整手柄盖取下，再将调整螺栓逆时针拧下(如图 2—8、图 2—9 所示)。

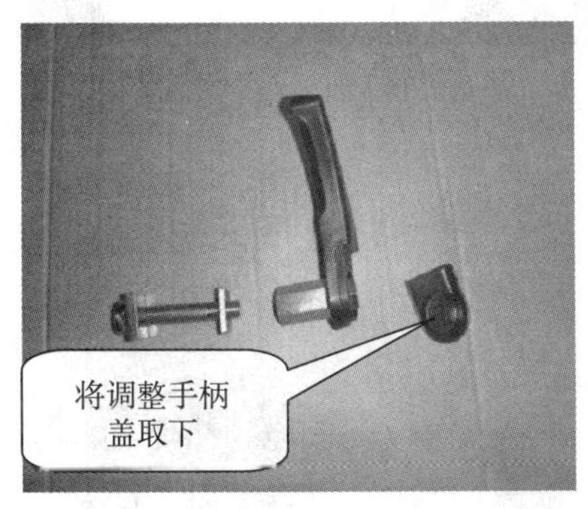

图 2—8

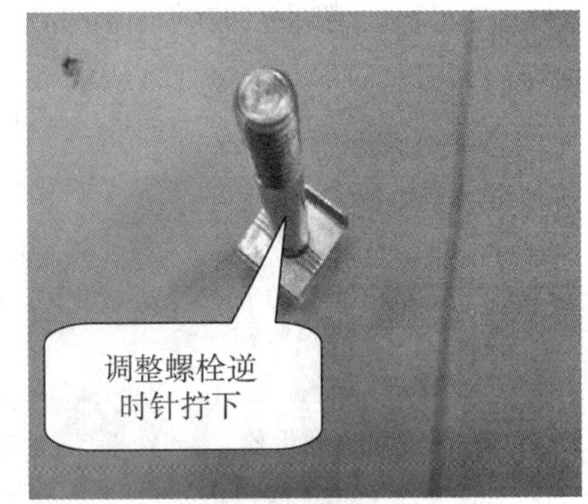

图 2—9

(8) 将自带调整手柄螺栓从左向右一次穿过方向机支架长槽孔与方向机转轴支架长槽孔，再将手柄螺栓限位面对正方向机支架长槽孔(如图 2—10 所示)。

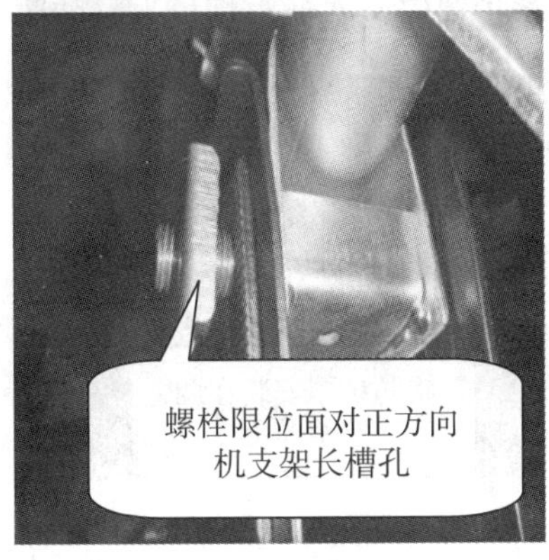

图 2—10

（9）将自带锁块安装在自带调整螺栓另一端，保证锁块齿牙与方向机支架齿牙同方向接触（如图 2-11 所示），再将方向机调整手柄逆时针安装在自带调整螺栓上（如图 2-12所示），将调整手柄向后摆与方向机支架成 45°左右，首先紧固反丝大螺母（如图 2-13 所示），再对自带调整手柄固定栓进行紧固（如图 2-14 所示）。

图 2-11

图 2-12

图 2-13

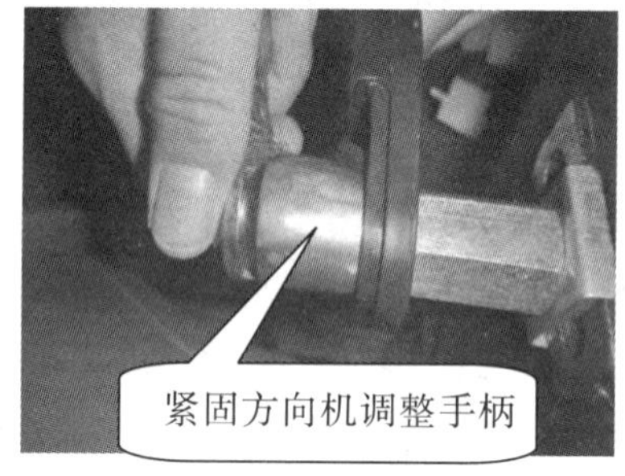

图 2-14

（10）调整方向机转向柱轴的前后位置，调整至合适位置，将调整手柄逆时针旋转至锁止位置，再将调整螺栓防护罩安装在调整螺栓上（如图 2-15 所示）。

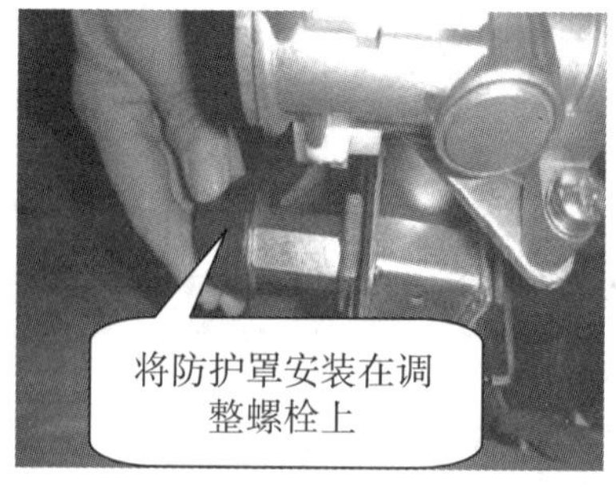

图 2-15

（11）检查方向机转向柱轴推拉是否顺畅，检查调整手柄锁止机构是否正确（如图 2-16所示）。

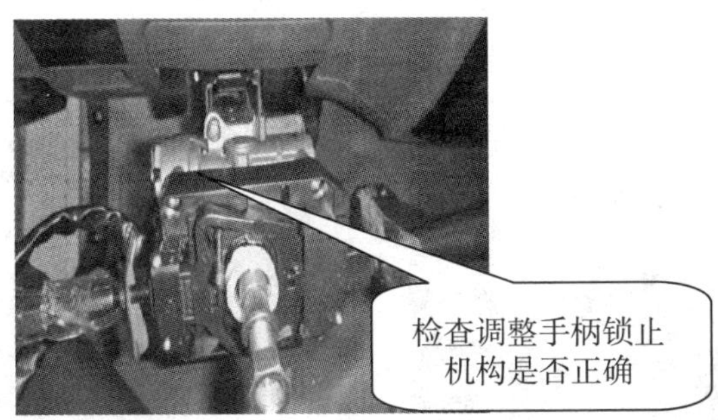

图 2-16

(12) 存在问题需要下线返工的，在五征汽车事业部车间下线车辆（或零部件）维修情况记录表上进行记录。

检验项目（如图 2-17 所示）：

图 2-17

检查方向机转向柱轴是否安装到位，有无漏装漏紧现象。

二、方向盘的装配步骤

(1) 按照生产计划选取合格的方向盘（如图 2-18 所示）。

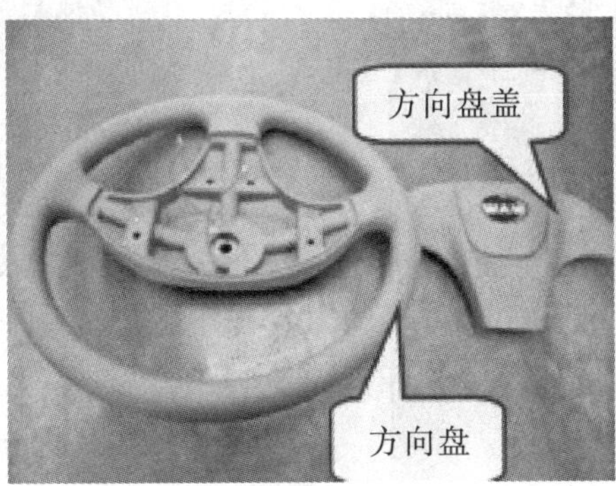

图 2-18

(2) 拆除方向机杆上端螺母与弹垫（如图 2-19 所示），双手持方向盘，小角度转动转向盘，将转向盘内花键扣入柱轴外花键（如图 2—20 所示）。

图 2—19

图 2—20

（3）将车辆开至前束调整仪上，拆下方向盘（如图 2—21 所示）。

图 2—21

（4）前束调整完毕后前轮停止转动时，将方向盘安装到方向机杆上，然后安装方向机杆自带的弹垫与螺母，一手把持方向盘，另一手紧固螺母（如图 2—22、图 2—23 所示）。

图 2—22

图 2—23

（5）用定扭扳手检查螺母扭矩为 60～100 N·m，合格后点蓝漆（如图 2—24 所

示）。

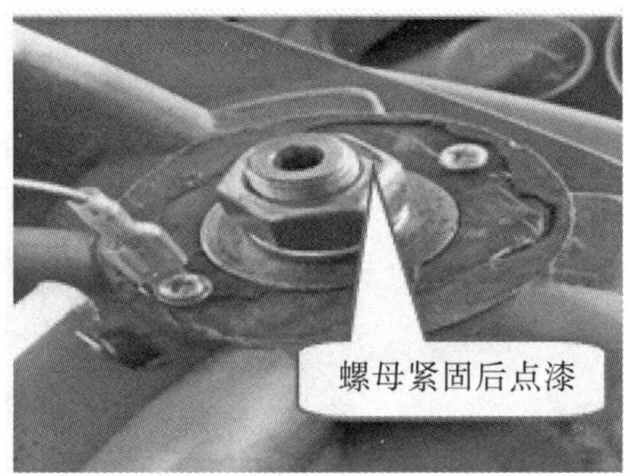

图 2—24

（6）将喇叭搭铁线接头插入方向盘盖指定位置（如图 2—25 所示）。

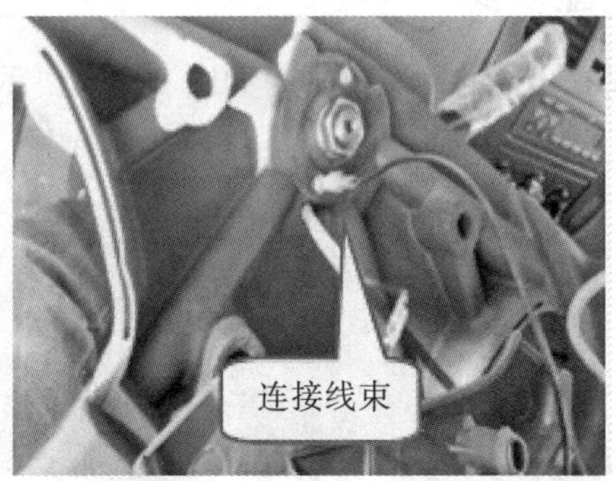

图 2—25

（7）安装方向盘盖，确保五征字样朝正前方（如图 2—26 所示）。

图 2—26

（8）在工位区域内不能返工处理的，在“随车质量异常记录表”上登记。

检验项目（如图 2－27 所示）：

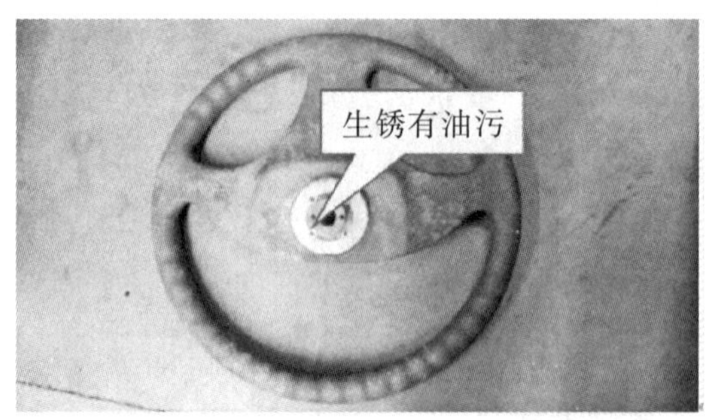

图 2－27

检查方向盘是否安装牢固，有无松动、磕碰、划伤现象。

三、倒车喇叭的装配步骤

（1）按照生产计划选取合格的倒车喇叭（如图 2－28 所示），将不合格品放置于不合格品存放区。

图 2－28

（2）将倒车喇叭线束插接头与底盘线束插接头安装到位（如图 2－29 所示）。

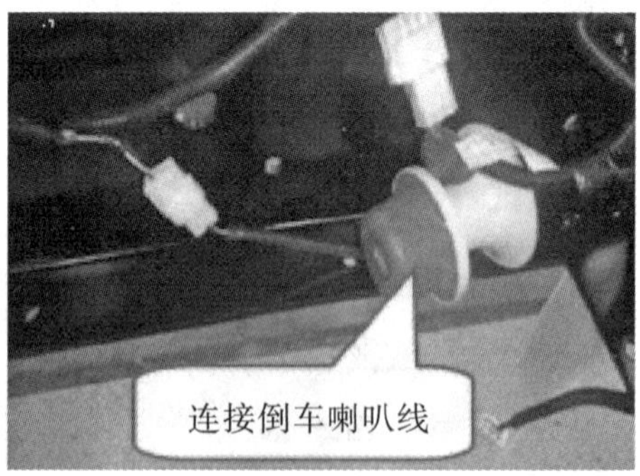

图 2－29

（3）用划漆器去掉车架上喇叭安装支架表面的漆层（如图 2—30 所示）。

图 2—30

（4）用 M6×20 螺栓、M6 螺母、∅6 平垫、∅6 弹垫各 1 个，安装并紧固搭铁线及倒车喇叭（如图 2—31 所示）。

图 2—31

（5）检查倒车喇叭是否紧固到位，插接头是否插接到位（如图 2—32 所示）。

图 2—32

检验项目（如图 2—33 所示）：

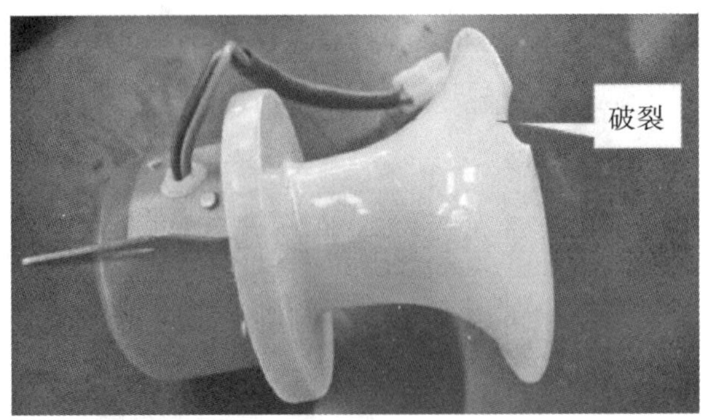

图 2－33

检查倒车喇叭是否无缺失，连接、紧固到位。

检查倒车喇叭是否正常工作。

四、铭牌和 VIN 标牌的装配步骤

1. 铭牌的装配步骤

(1) 按照生产计划选取合格的铭牌（如图 2－34 所示），将不合格品放置于不合格品存放区。

图 2－34

(2) 一手持铭牌，把铭牌放置在驾驶室右侧车门上方；另一手拿气钻，按照铭牌上的四个固定孔在车门上方进行钻孔（如图 2－35 所示）。

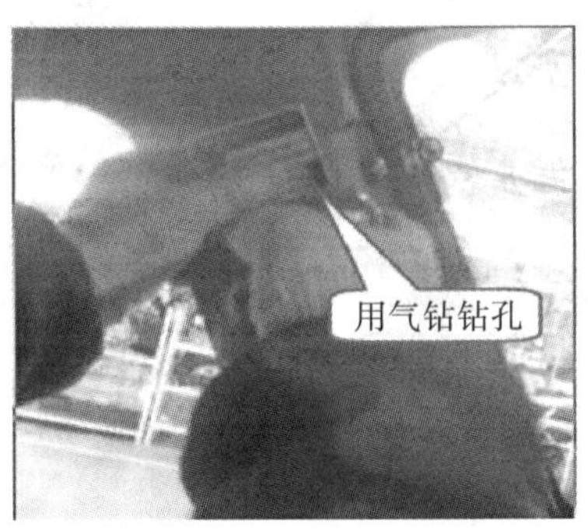

图 2－35

(3) 一手固定铭牌，另一手拿气动十字螺丝刀，使用四个 M4.8×16 螺栓安装并紧固（如图 2－36 所示）。

图 2－36

检验项目：

检查铭牌是否安装紧固到位（如图 2－37 所示）。

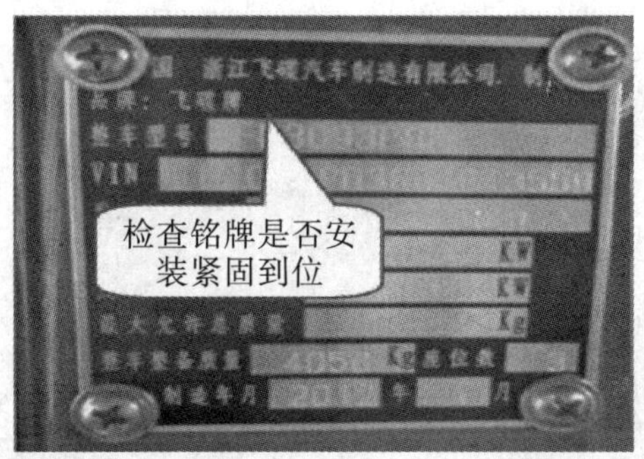

图 2－37

检查铭牌有无划伤、折弯现象。

检查铭牌是否字不清、错行（如图 2－38 所示）。

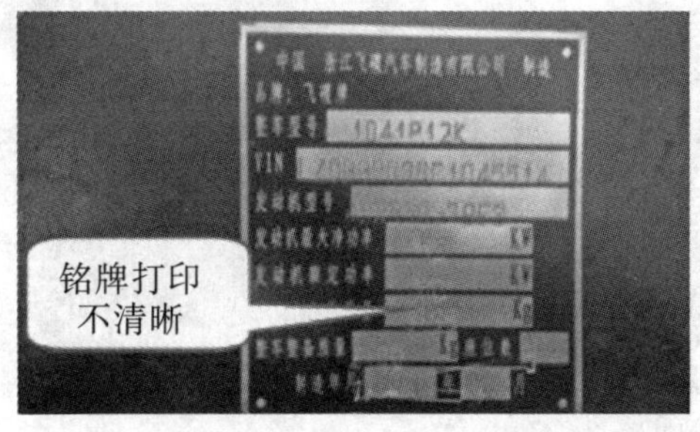

图 2－38

组长检查铭牌上固定孔的位置及铭牌是否安装到位。

2. VIN 标牌的装配步骤

(1) 按照生产计划选取合格的 VIN 标牌，并查看 VIN 编码与车型车架号是否一致（如图 2－39 所示），将不合格品放置于不合格品存放区。

图 2—39

（2）取标牌至车身内。

（3）用抹布将仪表板上的相应位置擦拭干净。

（4）拆除标牌防护膜（如图 2—40 所示）。

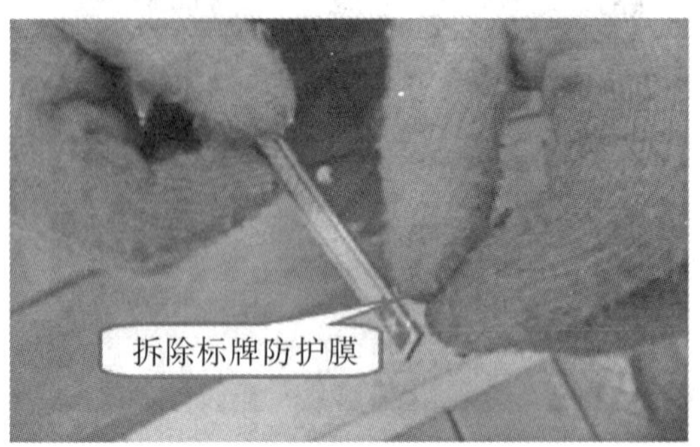

图 2—40

（5）将 VIN 标牌粘贴到仪表板指定位置（如图 2—41 所示）。

图 2—41

(6) 检查 VIN 标牌是否粘贴到位，无歪斜（如图 2－42 所示）。

图 2－42

(7) 在工位区域内不能返工处理的，在“随车质量异常记录表”上登记（如图 2－43所示）。

图 2－43

五、燃油箱的装配步骤

(1) 按照生产计划选取合格的燃油箱总成、油箱线束支架（如图 2－44 所示），将不合格品放置于不合格品存放区。

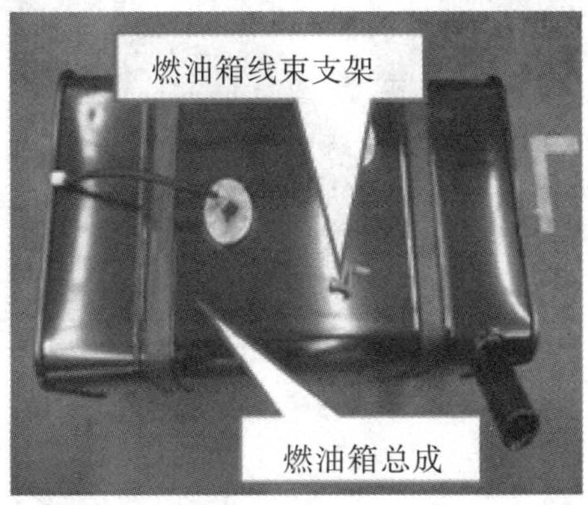

图 2－44

（2）使用 M8×25 螺栓、∅8 弹垫、M8 螺母各 1 个，安装并紧固油箱线束支架（如图 2—45 所示）。

图 2—45

（3）将燃油箱总成放置在燃油箱支架上（如图 2—46 所示）。

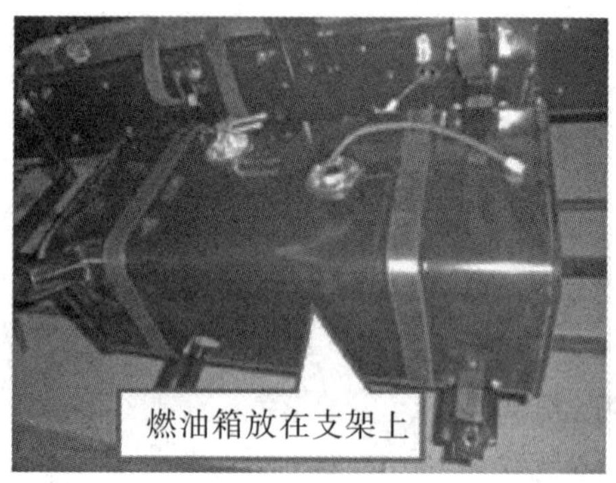

图 2—46

（4）调整好油箱、2 根捆带及油箱支架的相对位置，将捆带穿过油箱支架孔，安装 M10 螺母 2 个（部分车型用 M12）（如图 2—47 所示）。

图 2—47

（5）将捆带扶正，用气扳机紧固捆带上 2 个 M10 螺母（或 2 个 M12 螺母）（如图 2—48所示）。

图 2—48

（6）安装 2 个备紧 M10 螺母（或 2 个 M12 螺母），并紧固到位（如图 2—49 所示）。

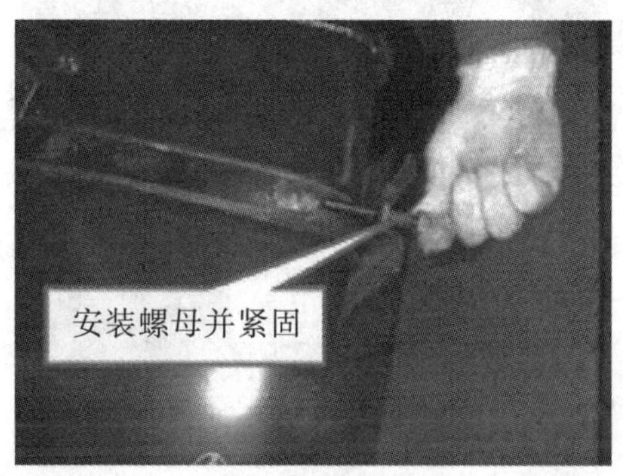

图 2—49

（7）安装并紧固油箱与柴油滤清器之间的出油管和喉箍（如图 2—50 所示）。

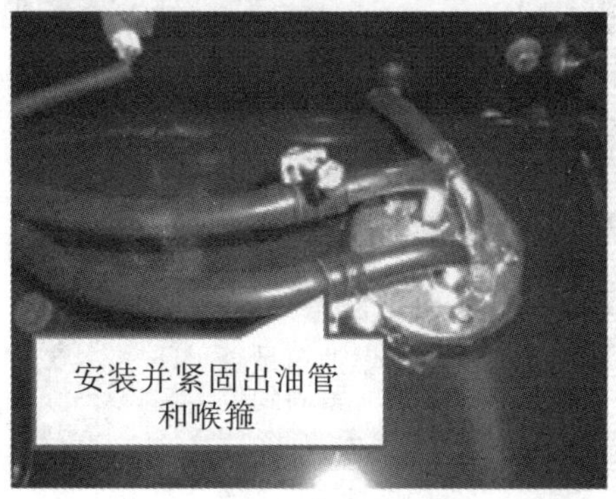

图 2—50

（8）用捆带捆扎出油管（如图 2－51 所示）。

图 2－51

（9）将油箱感应线束与车身线束连接，并固定在油箱支架上（如图 2－52 所示）。

图 2－52

（10）检查燃油箱及油管的各连接部位是否安装、紧固到位，检查捆带是否歪斜，检查线束连接是否可靠，检查油管和线束走向有无干涉（如图 2－53 所示）。

图 2－53

按图 2－54 所示点 4 处白漆确认。

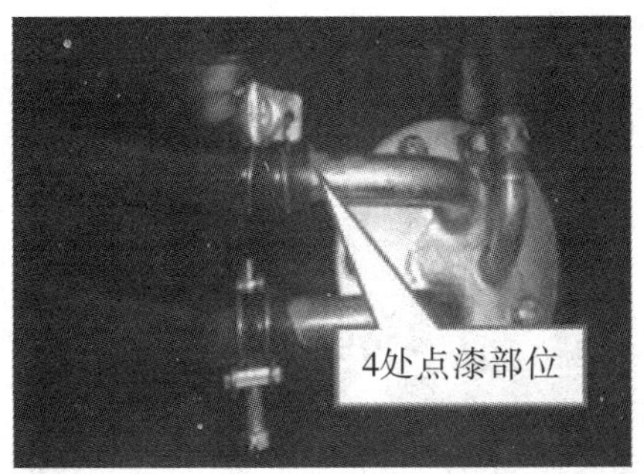

图 2-54

如果有在自己工位范围内处理不了的问题，应立即通知组长，并在“随车质量异常记录表”中登记。

附零部件缺陷（如图 2-55 所示）：

①燃油箱磕碰变形，去漆划伤。

②燃油箱橡胶垫不正。

③吸油盘漏装、漏紧，出气管喉箍。

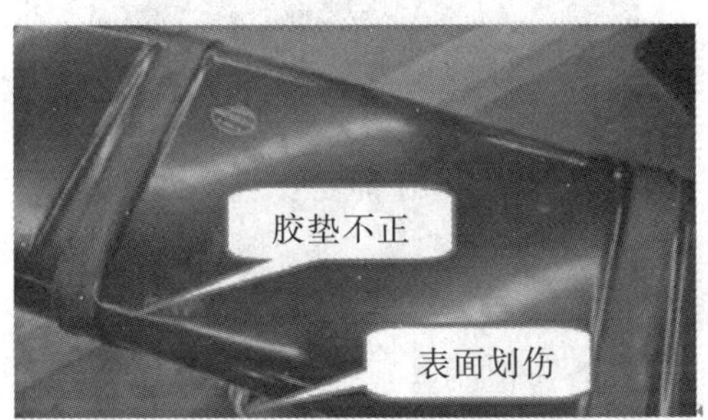

图 2-55

六、轮胎的装配步骤

(1) 按照生产计划选取合格的轮胎总成（如图 2-56 所示），将不合格品放置于不合格品存放区。

图 2-56

（2）将轮毂上自带的螺母拧下（如图 2－57 所示）。

图 2－57

（3）操纵电葫芦，将车轮吊送至前、后桥处，使轮胎上的固定孔穿过前后桥上的固定螺栓，并拧上螺母（如图 2－58、图 2－59 所示）。

图 2－58

图 2－59

（4）将智能组合扭紧机套头对入轮胎螺母中，进行螺栓紧固（如图 2－60 所示）。

图 2－60

（5）用定扭扳手检查螺栓扭矩，要求扭矩为 M18×1.5：300～350 N·m；M20×1.5：400～450 N·m；M22×1.5：450～500 N·m。合格取点漆笔，用点漆笔从螺母六棱面开始，经螺母断面、螺纹，一直划到螺栓顶部（如图 2－61 所示）。

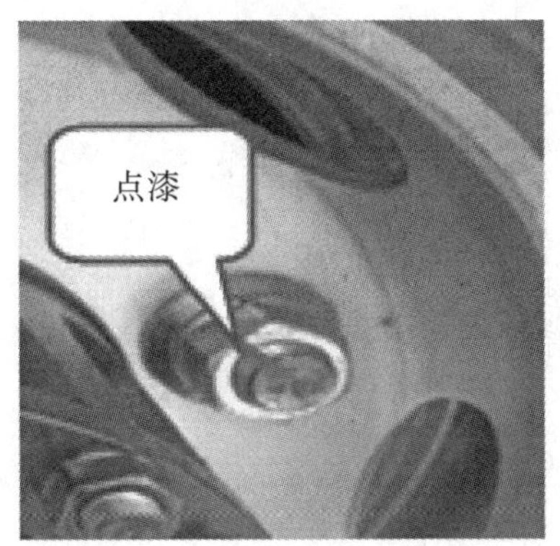

图 2－61

（6）检查轮胎是否安装到位，有无漏点漆现象（如图 2－62 所示）。

图 2－62

附零部件缺陷：

轮胎破损（如图 2－63 所示）。

图 2—63

任务拓展

汽车主要零部件的装配为什么要进行项目检验?

项目测练

一、填空题

1. 流水线的运行形式有（　　）、（　　）。
2. 装配中的连接类型有（　　）、（　　）。
3. 转向柱的作用是（　　　　）。
4. 铭牌的检验项目有（　　　　　　）。

二、选择题

1. 方向机转向柱（　　）方向旋转至正前方位置。

A. 顺时针　　B. 逆时针　　C. 左右摆动

2. 将车辆放至（　　），拆下方向盘。

A. 前束调整仪上　　B. 工作台上　　C. 举升机上

3. 安装轮胎时，对轮胎螺母紧固用（　　）。

A. 智能组合扭紧套头　　B. 扭力扳手　　C. 开口扳手

三、简答题

1. 简述方向机的安装步骤。

2. 简述燃油箱的安装步骤。

项目三　发动机的装配与调试

项目描述

随着中国汽车工业的快速发展，特别是引进技术和国外二手设备的再利用，使发动机装配的设备水平大幅度提高。发动机装配工艺装备主要分为五个类型：总成和分总成装配线、移载翻转设备、自动拧紧设备、专用装配设备和检测设备。

项目目标

1. 了解发动机装配线的概况。
2. 了解发动机装配的基本要求。
3. 掌握发动机装配线的主要工序及操作要求。

项目任务

1. 发动机装配的原则与基本要求。
2. 发动机装配的典型任务。

项目实施

任务一　发动机装配的原则与要求

任务分析

发动机作为汽车的心脏，在汽车总装配线当中，其装配就显得尤为重要。同时，良好的发动机装配质量是发动机正常运转的重要保障之一，因此，必须掌握发动机装配的相关知识。

相关知识

一、发动机整车装配工艺流程应遵循的原则

（1）尽量减少发动机整车装配时间。由于发动机整车装配时的空间很小，装配时有很多装配不便，所以发动机附件装配应尽量在台架上完成，以提高装配速度。可根据发动机和汽车车身结构的不同来制定合理有效的装配工艺。

（2）发动机吊装必须保证安全、可靠、快捷，保证设备和工具的完好性、操纵的规范性，提高操作工人的安全意识，避免汽车零部件的碰撞和工伤事故的发生。

（3）配备方便快捷的安装工具。对于发动机的某些特殊结构，需用一些特殊的专用工具，否则会导致工效低下，甚至会导致机件损坏的事故发生。

（4）在发动机整车装配时，应对车身及其他车身零部件采取必要的有效的防护措施，避免对车身油漆、装饰件、灯具、机械零部件等造成损伤。如在发动机整车装配时对车身表面进行遮盖，要求工人着装不能有坚硬物（钥匙、拉链、金属扣等），若工人身上有该类物品，作业时应特别注意。

二、发动机装配的基本要求

发动机装配在其生产过程中是不可缺少的重要步骤，而合理地规划发动机装配线可以更好地实现产品的高精度、高效率、高柔性和高质量。在现代化的发动机生产装配线中，成熟的装配工艺、设备选择、质量控制及物流方式均值得人们去借鉴。

在发动机生产中，装配线是发动机最终状态、最终结构、最终精度的展示，对确保发动机的精度、质量至关重要。一条发动机装配线要保证发动机的装配技术条件，实现高精度；要保证装配节拍，实现高效率；要多机型同时装配，实现高柔性；要有效地控制装配精度，实现高质量。要实现以上几个方面必须从生产线的规划开始着手。

任务拓展

了解发动机装配的一般工艺流程。

任务二　发动机装配的典型任务

任务分析

发动机整车装配质量的好坏是发动机正常运转的重要保障之一，其中的主要环节更是重中之重。操作过程的规范化是保证装配质量、提高生产效率的前提。

相关知识

一、发动机搬运

(1) 按照生产计划选取合格的发动机。

(2) 操作叉车，将发动机挑至发动机拆箱处（如图 3－1 所示）。

(3) 操作叉车，将发动机挑至发动机改号处。

(4) 检查发动机型号是否准确，外壳有无破损。

图 3－1

(5) 在工位区域内不能返工处理的，在“随车质量异常记录表”上登记。

缺陷描述：发动机磕碰、变形、断裂（如图 3－2 所示）。

图 3－2

注意事项：

①不合格零件不得装配，并将其置于不合格零件箱。

②安装时不得划伤其他零件表面，不得野蛮操作。

二、吊发动机

（1）操作行车至发动机吊装区域。

（2）将行车挂钩与发动机吊装支架连接（如图 3−3 所示），操作遥控器将发动机提升到一定位置。

图 3−3

（3）拆除发动机底角（如图 3−4 所示）。

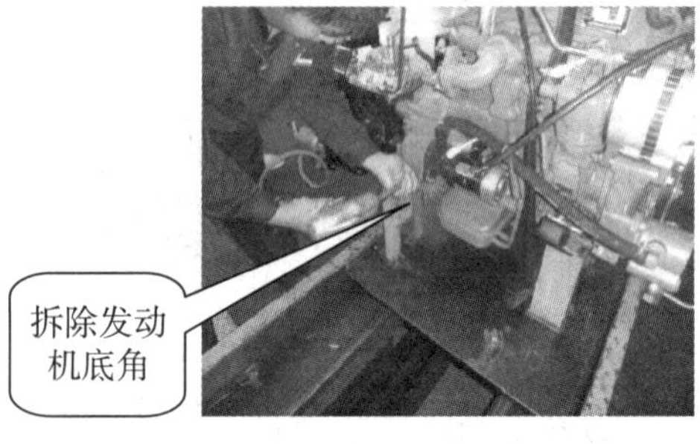

图 3−4

（4）将变速箱右观察口螺栓破开，复查有无变速箱油，然后紧固，并在变速箱上点蓝漆确认（如图 3−5 所示）。

图 3−5

（5）抽出发动机标尺，将标尺擦拭干净，插入标尺口内，插到底后抽出，查看发动机油是否加注到位，复查完成后点蓝漆确认（如图 3－6 所示）。

图 3－6

（6）操作遥控器将发动机移送至总装线（如图 3－7 所示）。

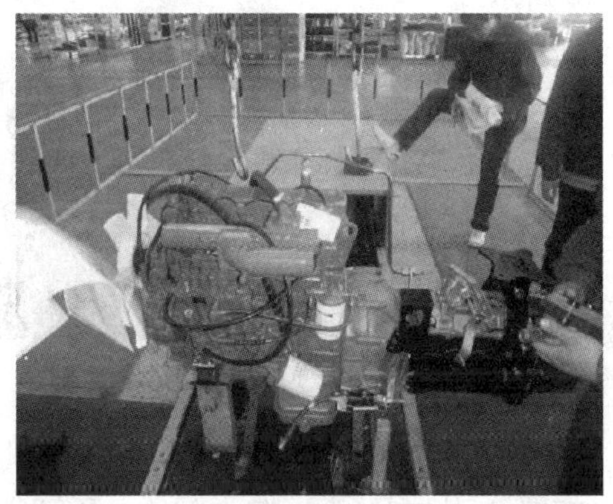

图 3－7

（7）清理发动机小车上垃圾（如图 3－8 所示）。

图 3－8

(8) 在工位区域内不能返工处理的，在“随车质量异常记录表”上登记。

三、安装散热器出水管

(1) 按照生产计划选取合格的散热器出水管（如图 3-9 所示），将不合格品放置于不合格品存放区。

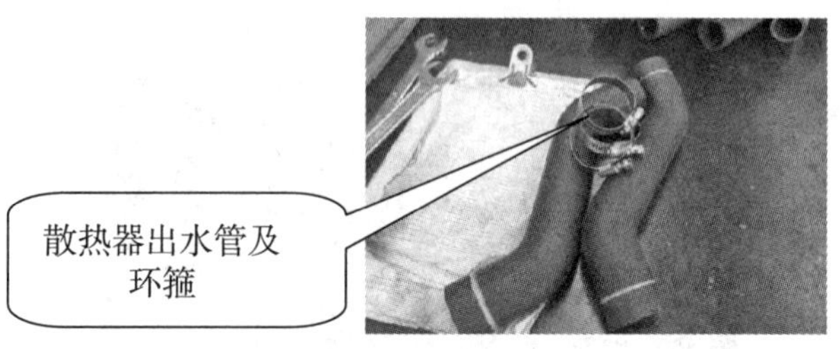

图 3-9

(2) 在散热器出水管上套上一个 Q67650 环箍，将散热器出水管与发动机上水循环的进水口连接（如图 3-10 所示）。

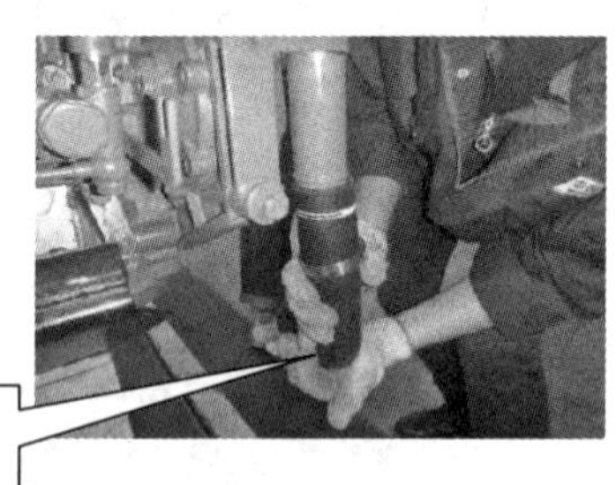

图 3-10

(3) 紧固水管环箍（如图 3-11 所示）。作业要领：环箍紧固到位，无松动现象，环箍离水管端头距离适中，约 30 mm 左右。

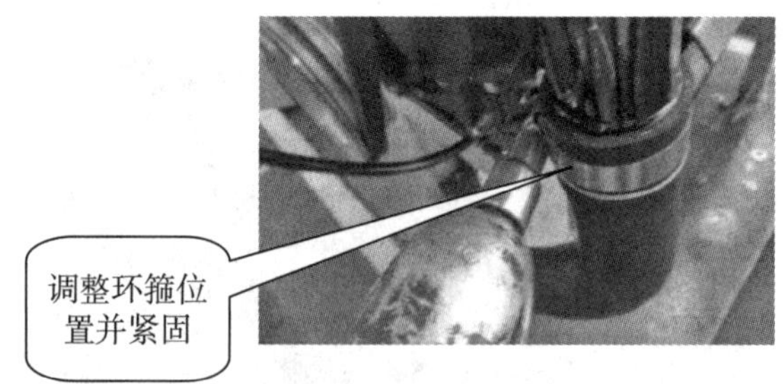

图 3-11

(4) 检查散热器出水管与发动机上水循环的进水口连接是否紧固牢靠，并套上软管环箍（如图 3-12 所示）。

图 3－12

(5) 在工位区域内不能返工处理的，在“随车质量异常记录表”上登记。

零部件缺陷如图 3－13 所示。

图 3－13

检验项目：

检查散热器出水管是否安装、紧固到位，有无破损现象，环箍有无歪斜。

四、安装发动机减震胶块

(1) 按照生产计划选取合格的发动机减震胶块（如图 3－14 所示），将不合格品放置于不合格品存放区。

图 3－14

(2) 将减震胶块的螺栓穿过连接架上的孔，安装∅12 平垫、∅12 弹垫各 2 个、并拧上 M12 螺母 2 个，至少旋入 3 扣丝（如图 3－15、图 3－16 所示）。

图 3—15

图 3—16

（3）用快动扳手紧固减震胶块（如图 3—17 所示）。

作业要领：减震胶块安装到位、紧固牢靠。

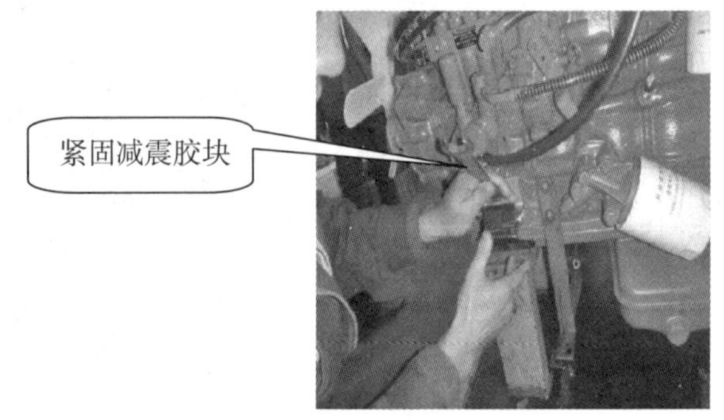

图 3—17

（4）检查左右减震胶块螺栓是否有漏紧现象，安装是否紧固、牢靠（如图 3—18 所示）。

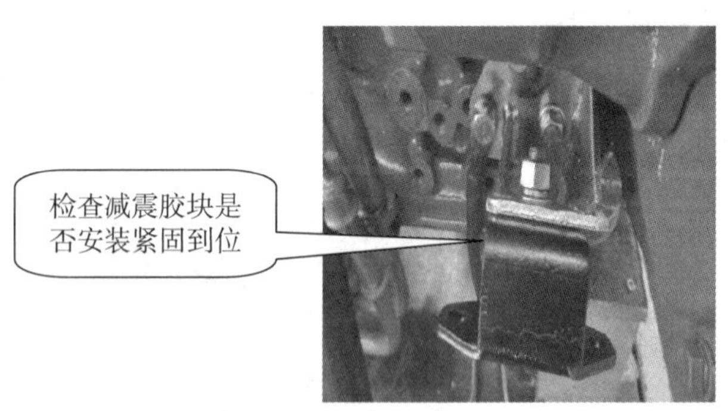

图 3—18

（5）在工位区域内不能返工处理的，在“随车质量异常记录表”上登记。

零部件缺陷（如图 3—19 所示）：

发动机减震胶块磕碰、变形、去漆、划伤。

图 3－19

检验项目：

检查发动机减震胶块是否安装、紧固到位，有无去漆、划伤、磕碰、变形现象。

五、加注发动机机油

（1）根据生产计划查看需加油发动机型号，根据发动机型号设定加油量（如图3－20所示）。

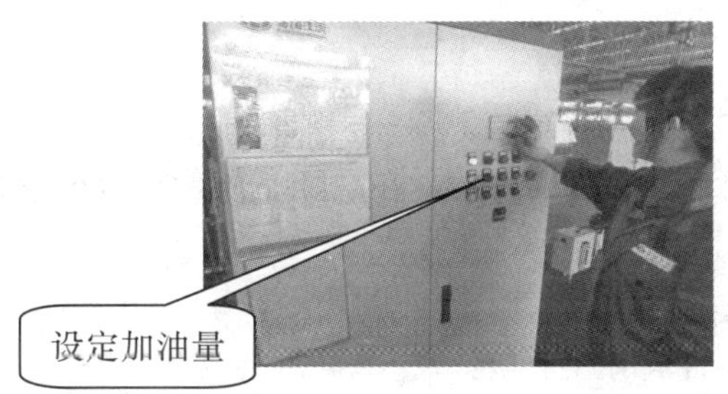

图 3－20

作业要领：

①按照加油量标准加注。

②加油量使用量杯进行校准，1 次/天。

（2）拧开机油箱封盖，将机油尺拔出一半左右，放置加油枪至发动机加油口，放置时加油枪偏向一侧，开始加油（如图 3－21、图 3－22 所示）。

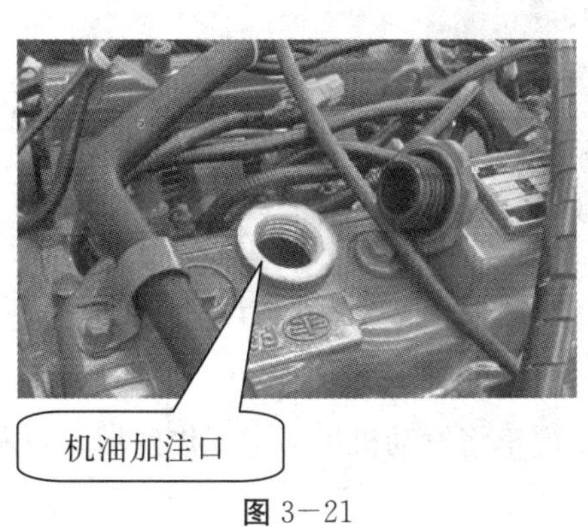

图 3－21

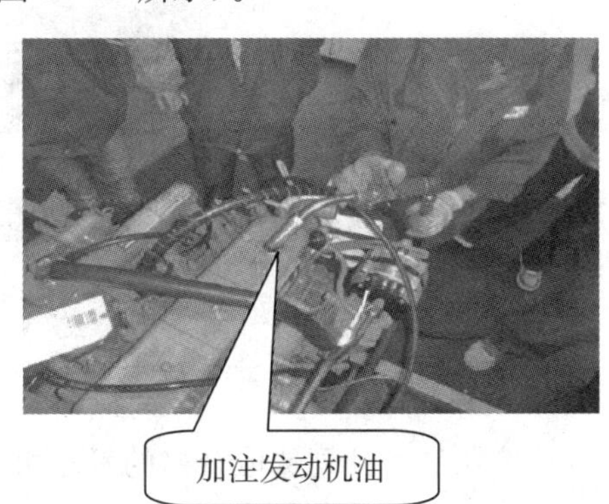

图 3－22

作业要领：

加油时查看加油枪是否正常工作，加注枪的角度与水平方向成45°。

(3) 加机油完成后，把加油枪放回。

作业要领：

加注开关关闭后，应继续停留5～10秒后再取出加油枪。

(4) 把机油箱封盖盖好，并用抹布将洒落外面的油液抹去（如图3－23所示）。抽出机油尺擦拭干净，再插入机油尺，插到底后抽出，查看加油量是否符合要求，合格后用白色点漆笔点漆确认（如图3－24所示）。

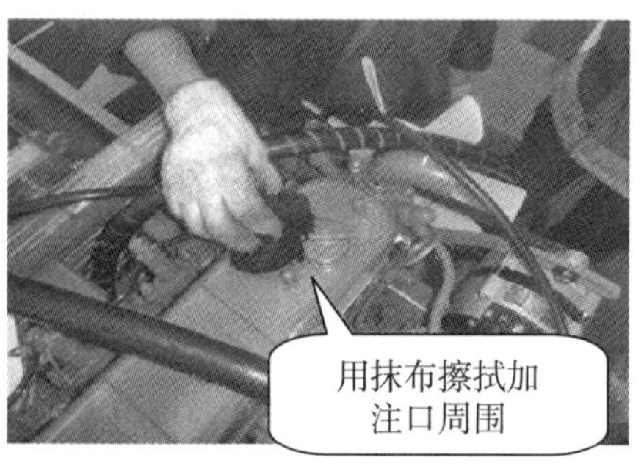

图3－23

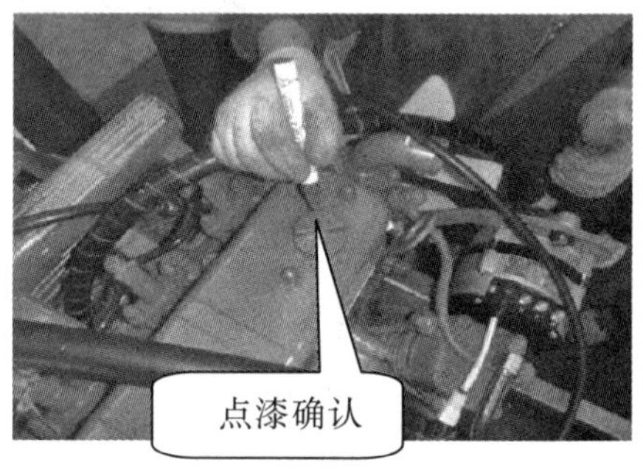

图3－24

作业要领：

不得将油液溅洒在发动机表面。

(5) 在工位区域内不能返工处理的，在"随车质量异常记录表"上登记。

零部件缺陷：

①发动机油加注量不正确或漏加。

②加注完成后，机油未清理干净。

检验项目（如图3－25所示）：

抽出机油标尺，查看油面高度。若不合格，则应返回操作工补充机油至合格，合格后点蓝漆。

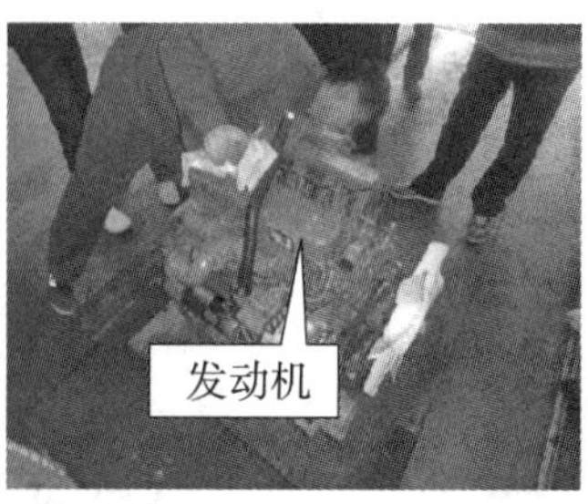

图3－25

六、拆发动机底角螺栓

(1) 按照生产计划选取合格的发动机，操作行车将发动机吊运至工作区域，将不合格品放置于不合格品存放区。

作业要领：

查看发动机型号是否与生产计划一致（如图 3—26 所示）。

图 3—26

（2）取扳机、节杆、万向节与套头，拆除底角螺栓（如图 3—27 所示）。

图 3—27

（3）用电葫芦将发动机吊至发动机上线区（如 3—28 所示）。

图 3—28

（4）将拆落的底板搬运至存放区（如图 3—29 所示）。

图 3—29

作业要领：

底板按要求存放在指定区域，摆放整齐。

(5) 检查现场螺栓是否清理干净。

(6) 在工位区域内不能返工处理的，在“随车质量异常记录表”上登记。

零部件缺陷：

发动机磕碰、变形、断裂（如图 3－30 所示）。

图 3－30

检验项目：

检查发动机是否与生产计划一致，是否有磕碰、变形现象。

七、安装发动机进气钢管

(1) 按照生产计划选取合格的发动机进气钢管（如图 3－31 所示），将不合格品放置于不合格品存放区。

图 3－31

(2) 用气扳机将发动机上的螺栓破开。

(3) 将发动机进气钢管与发动机连接，然后用破开的螺栓紧固（如图 3－32 所示）。

图 3－32

作业要领：

安装紧固到位，无歪斜现象。

（4）检查发动机进气钢管安装位置，确保正确无歪斜，紧固到位（如图 3－33 所示）。

图 3－33

（5）在工位区域内不能返工处理的，在“随车质量异常记录表”上登记。

零部件缺陷：

发动机进气钢管磕碰、划伤。

八、安装发动机左右连接架

（1）按照生产计划选取合格的发动机左右连接架（如图 3－34 所示），将不合格品放置于不合格品存放区。

图 3－34

（2）将底板与发动机连接的支撑架上的螺栓用气扳机依次拆下。

（3）对正连接架上的固定孔，使用 M10×20 螺栓、∅10 平垫、∅10 弹垫各 6 个，穿过连接架的固定孔，拧进发动机的固定孔中，将搭铁线与发动机连接架一起固定在发动机上，最后用气扳机紧固，至少旋入 3 扣丝（如图 3－35 所示）。

图 3－35

作业要领：

安装位置正确，紧固到位，区分左右。

（4）检查左右连接支架螺栓是否有漏紧现象，安装是否紧固到位（如图 3－36、图 3－37所示）。

图 3－36

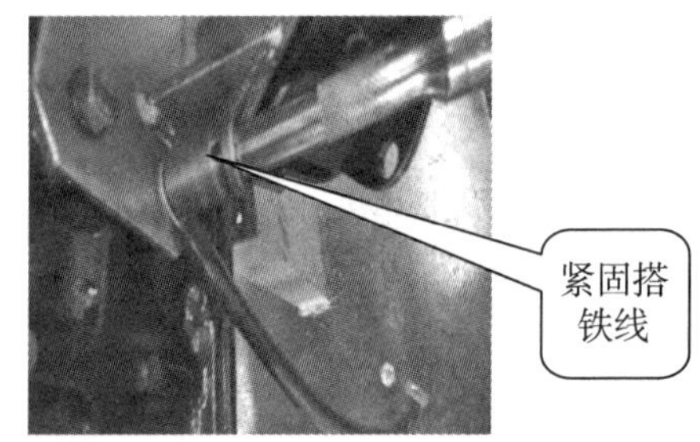

图 3－37

（5）在工位区域内不能返工处理的，在“随车质量异常记录表”上登记。

零部件缺陷：

发动机左右连接磕碰、变形。

九、安装感应塞

（1）按照生产计划选取合格的机油、水温感应塞（如图 3－38 所示）。将感应塞外螺纹用生料带缠绕作防护，将不合格品放置于不合格品存放区。

（2）选取气扳机、套头、扳手、节杆（如图 3－39 所示）。

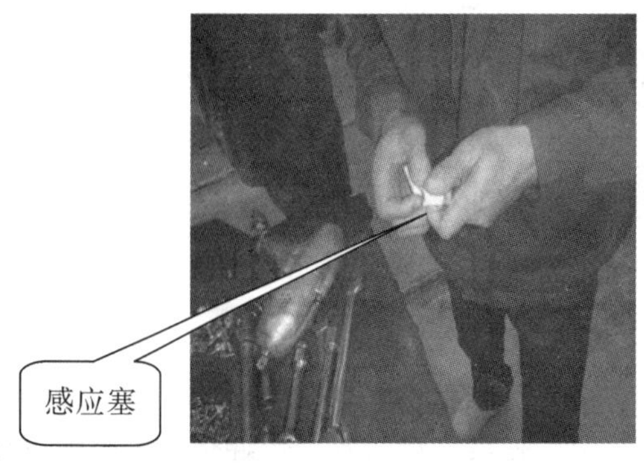

图 3－38

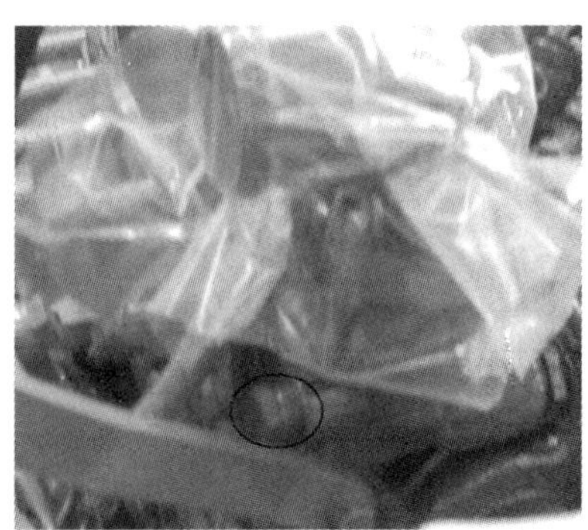

图 3－39

(3) 拆除发动机上感应塞安装口堵头。

作业要领：

拆除堵头过程中，应保证堵头螺纹的完整性。

(4) 将感应塞拧到发动机上，并用气扳机紧固。

作业要领：

感应塞安装到位，紧固牢靠（如图 3-40 所示）。

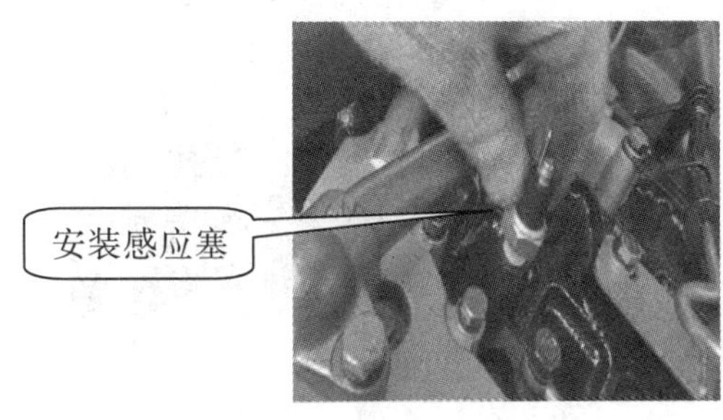

图 3-40

(5) 检查感应塞插接是否安装正确、紧固到位。

(6) 在工位区域内不能返工处理的，在“随车质量异常记录表”上登记。

零部件缺陷：

①感应塞破损。

②生料带缠绕不到位（如图 3-41 所示）。

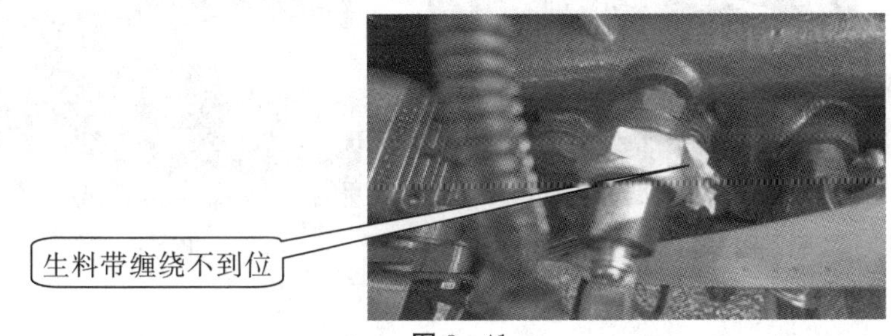

图 3-41

十、安装发动机托架

(1) 按照生产计划查找合格的发动机托架（如图 3-42 所示），将不合格品放置于不合格品存放区。

图 3-42

作业要领：

型号严格按照生产计划。

(2) 使用 M10×40 法兰面螺栓 12 个，穿过发动机托架下固定孔，安装到车架固定孔上，拧上 M10 法兰面螺母 12 个（如图 3—43 所示）。

图 3—43

作业要领：

安装位置要正确。

(3) 紧固发动机托架，用白色点漆笔点漆确认（如图 3—44、图 3—45 所示）。

图 3—44

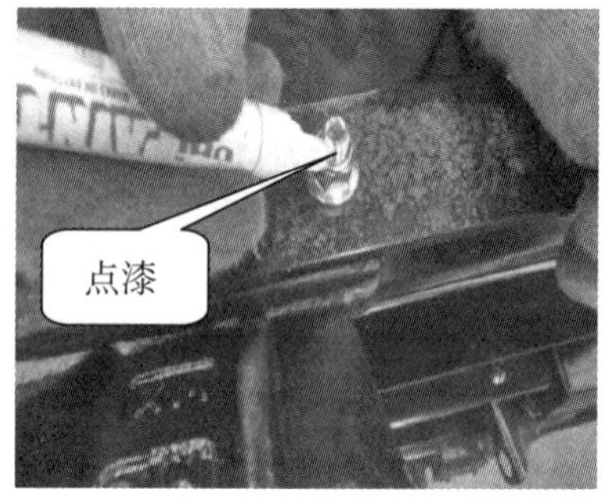

图 3—45

作业要领：

紧固到位。

(4) 使用去漆专用工具将发动机托架表面油漆去除。

作业要领：

去漆过程保证接触区域无油漆出现，保证搭铁状况良好。

(5) 检查发动机托架是否安装紧固到位，去漆状态是否符合要求（如图 3—46 所示）。

(6) 在工位区域内不能返工处理的，在"随车质量异常记录表"上登记。

零部件缺陷：

发动机托架磕碰、去漆、生锈。

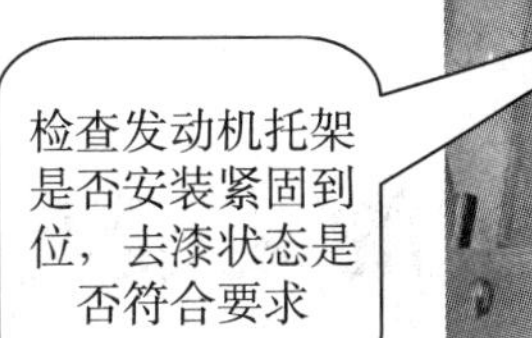

图 3—46

项目测练

一、填空

1. 发动机的主要缺陷是（　　）。

2. 安装时不得（　　），不得（　　）。

3. 在吊发动机工序，需将变速箱右观察口螺栓破开，复查（　　），然后紧固，并在变速箱上确认。

4. 紧固发动机托架后，需用（　　）色点漆笔点漆确认。

5. 按照生产计划选取合格的机油、水温感应塞后，应将感应塞外螺纹作（　　）防护。

6. 将发动机进气钢管与发动机连接，然后用（　　）紧固。

7. 环箍紧固到位后，环箍离水管端头距离适中，约（　　）mm 左右。

8. 将减震胶块的螺栓穿过连接架上的孔，安装∅12 平垫、∅12 弹垫各（　　）个，并拧上螺母（　　）个，至少旋入（　　）扣丝。

二、简答题

1. 安装发动机左右连接架工序的检验项目是什么？

2. 加注机油的作业要领是什么？

项目四　三轮汽车的装配与调试

项目描述

三轮汽车是各种零部件的有机组合体。三轮汽车生产的最后一道工序必定是装配（包括检测和调整），否则各种零部件无法组合在一起并发挥应有的功能。所谓装配就是将各种零部件、合件或总成按规定的技术条件和质量要求连接组合成完整产品的生产过程，也可称为“使各种零件部件、合件或总成具有规定的相互位置关系的工艺过程”。

项目目标

1. 了解三轮汽车的定义、种类、特点及装配的相关知识。
2. 掌握三轮汽车装配的内容要点。
3. 掌握三轮汽车装配工具的使用。

项目任务

1. 三轮汽车的相关知识。
2. 三轮汽车装配的基础知识。
3. 三轮车标准件基础知识以及重要构件的调整。

项目实施

任务一 三轮汽车的相关知识

任务分析

学习农用三轮汽车的定义、种类、产品特点和用户群体的特点。以及三轮汽车的总体结构和编号规则。

相关知识

一、三轮汽车的定义、种类与产品特点、用户群体

1. 定义

三轮汽车（原名为三轮农用运输车）是最高设计车速不大于 50 km/h，具有三个车轮的货车。

2. 种类与产品特点、用户群体

三轮汽车产业经过 20 多年的发展，现已形成了手把、半封闭、全封闭、特种车四大系列产品，400 多个品种（车型）。

车型的配置充分考虑市场需求的多样化、差异化，针对不同地区、不同用户需求，市场上已经开发了不同载重能力的轻型/重型、单缸/多缸、蒸发式/水循环、扁钢管/槽钢系列三轮汽车，定位合理，系列性强，性价比高。

(1) 手把小型三轮汽车系列。

①矿用车系列三轮汽车。

A. 产品特点。

车架采用上下双层梁结构，立套下端采用锥度轴承，承载能力更强，满足各种工况使用条件。

手把与转向盘可互换（同一转向柱），后桥可选装四、五、六、八挡后桥，适用不同作业要求。各操纵部件采用拉杆结构，适合各种复杂条件使用，方便维修。

可选装不同宽度、不同高度的货箱，可选装加重货箱；发动机可选装国产名优蒸发式发动机；手把转向，操纵灵活。

B. 用户群体。

此类三轮汽车主要针对农村用户和小型物流，以矿区为主，用于城际和乡镇之间以及矿区作业、日常百货和农资运输。

②手摇把系列三轮汽车。

A. 产品特点。

可选装带挡风玻璃和不带挡风玻璃（一体挡板）；离合、变速、油门机构采用拉杆式，防冻、防尘，易于操作。选装双减振器，电动/手摇发动机，选装动力输出装置；车架采用扁钢管直梁结构；后桥涵盖四/五/六/八/九/十挡，可选装低速后桥，选装三槽/四槽离合器，满足不同用户需求。

B. 用户群体。

此类手摇把三轮汽车主要针对农村用户田间地头和小型物流，用于城际和乡镇之间矿区作业、日常百货和农资运输。

（2）半封闭盘式三轮汽车系列。

A. 产品特点。

车架采用扁管直梁和槽钢 160、加重槽钢 195 外跨形式；采用 63 宽和 90 加宽板簧，承载力更强；后桥涵盖八/九/十挡；制动可选装油刹、真空助力、单增压、气刹不同形式；车厢长度为 2.35～2.8 米。

B. 用户群体。

此类汽车主要针对城乡运输，适用于拉土、拉砖等作业的客户。

（3）全封闭三轮汽车系列。

①简易驾驶室车型系列。

A. 产品特点。

此类汽车驾驶简易，无车门；车架采用双层直梁结构；车厢为 2/2.2 米×1.3 米×0.4 米矿卸箱，可选装方卸箱；后桥涵盖四/五/六/八挡；可选装双减。

B. 用户群体。

该系列三轮汽车针对新疆、西藏、云贵等地区的用户群体。

②全封闭单排/排半三轮汽车系列。

A. 产品特点。

车架涵盖扁钢管 100～135、槽钢 160、槽钢 195、槽钢 230 结构形式，制动涵盖油刹、助力、单增压、助力+增压、气刹不同形式，后桥涵盖四/五/六/八/九/十挡；可选装双减、三减、滴水、液压离合等配置，板簧涵盖 63 宽、90 宽，满足不同用户需求。

B. 用户群体。

该系列三轮汽车针对中远程运输，适用于拉粮食、蔬菜等活动的客户群体。

③多缸精品三轮汽车系列。

A. 产品特点。

驾驶室内饰豪华；车架采用槽钢 120/槽钢 135，铆接吊耳结构形式；发动机采用莱动 480/380，动力强劲；1028 后桥、515 变速箱，采用真空助力制动，装有 MP3、里程表；液压离合，可选装 5355 双减等配置；前后轮使用 185R14 子午线轮胎；采用 2.6/

2.9 米×1.58 米×0.33 米一体板芯冲压车厢。

B. 用户群体。

此类汽车主要针对城市中远程运输，起到城市物流的作用。

(4) 沼气抽渣车、环卫车等特种车系列。

①沼气抽渣车。

A. 产品特点。

借鉴城市抽污车和洒水车等优点，采用 60 升大功率真空泵和相关操纵系统，可选装 1 方、1.5 方、3 方沼气罐；可选装带车厢或不带车厢带自动防溢装置；真空泵抽吸强劲、功率大、抽吸时间短；具有吸力大、吸程远、自动抽吸、压力排放、压力喷洒等特点。

B. 用户群体。

沼气抽渣车主要针对政府招标、农村用户沼液抽排、城市环境清理。

②环卫车。

A. 产品特点。

在现有成熟三轮汽车底盘上安装垃圾专用货箱。

B. 用户群体。

环卫车主要针对政府招标、城市环境清理。

③仓栏车。

仓栏车主要用于特殊用途，如拉牲畜、可乐、啤酒、家具等。

二、三轮汽车的总体结构、编号规则

1. 三轮汽车的总体结构

三轮汽车由发动机、底盘、车身三大部分组成。发动机是动力输出部件。底盘由传动系、行驶系、转向系、制动系组成，它接受发动机的动力，使汽车运动并按驾驶员的操纵而正常行驶。车身是驾驶员工作及容纳乘客和货物的场所。各部分与发动机协同工作，将动力传给驱动车轮，完成运输工作。

(1) 发动机。

三轮汽车发动机是使输送进来的燃料燃烧而发出动力的部件，具有结构紧凑、操作灵活、耗油低、动力性能好、使用可靠、维修方便等特点。现代广泛应用的发动机为内燃机，它一般由机体、曲柄连杆机构、配气机构、供给系、冷却系、润滑系、点火系(汽油车)、启动系组成。

(2) 底盘。

底盘是接受发动机的动力，使汽车运动并按驾驶员的操纵而正常行驶的部件，它包括以下组成部分。

①传动系统：将发动机的动力传递给驱动轮。传动系统包括离合器、变速器、V 型带（传动轴)、后桥等。

A. 离合器。

农用运输车的离合器为摩擦式，它由主动部分、从动部分和操纵部分组成，主要有单片干式离合器和双片干式离合器两种。

离合器的调整，主要是指离合器分离杠杆端部最外点的位置及其与分离轴承端面之间的间隙的调整。

离合器三个分离杠杆端部的最外点应在同一平面上，允许公差为 0.01 mm。调整时，先松开调整螺杆外端的锁紧螺母，将调整螺母调到合适位置（保证离合踏板的自由行程为 20～40 mm，在此范围内，分离轴承端面与分离杠杆端部的间隙约为 0.1～0.3 mm），再将锁紧螺母锁紧。

B. V 带传动。

柴油机 V 带轮与离合器 V 带轮通过四条 A 型 V 带连接，V 带的松紧程度要适当，过松会产生打滑现象，降低传动效率；过紧又会使输入轴承受过大弯矩导致破裂断裂。V 带的松紧程度，可在 V 带紧边跨距中点施加 20 N 的力，V 带下陷 7～13 mm 为宜。如 V 带松紧程度不适，可通过前后移动柴油机的方法调整。

连体传动后桥还设有起微调和缓冲作用的 V 带张紧机构，它通过张紧轮给 V 带施加一个缓和的、随机变化的力。调整弹簧调整螺母，可改变压力的大小，使 V 带的松紧程度总是处于最佳状态，严禁随意拆除张紧轮。柴油机 V 带轮和离合器 V 带轮的轴线应平行；对应轮槽的对称中心平面应重合，误差不应超过 5 mm。

C. 联体后桥。

农用运输车的连体后桥包括变速箱和后桥两部分。

变速箱为齿轮传动式，分为 4+1、5+1、3+1 式三种变速挡位。

后桥由驱动部分和制动部分组成，后桥的驱动部分包括半轴套管、半轴、制动毂和车轮螺栓等；制动部分包括制动盘、制动蹄和制动凸轮轴等。

联体后桥按照半轴在半轴套管中的状态分为半浮后桥和全浮后桥两种。半浮后桥中的半轴在受力上既承受车辆前进的扭转力矩又承受车辆载荷的弯矩；全浮后桥中的半轴在受力上只承受车辆前进的扭转力矩，基本不承受车辆载荷的弯距。

②行驶系统：使汽车各总成及部件安装在适当的位置，对全车起支承作用，以保证汽车的正常行驶，包括车架、前轮、后轮等。三轮汽车的车架为整体焊接式结构，它是农用车的基体，支撑和连接各零部件，并承受来自整车内外的各种载荷。

车架的前端安装转向轴、前悬架、车轮、驾驶室及操纵机构，中间安装柴油机，后部安装车厢后悬架、后桥、车轮。

A. 悬架。

三轮农用运输车的前悬架为两阻尼式减震器，后悬架为钢板弹簧。

B. 车轮。

三轮汽车的前轮调整主要是调整轴承间隙。

三轮汽车的后轮由辐板轮辋和轮胎组成，由车轮螺栓将其与制动毂紧固关接。

③转向系统：使汽车按驾驶员选定的方向行驶，有方向盘式和手把式两种。手把式转向系统包括手把、方向连接板和转向轴等，方向盘式转向系统包括方向盘和转向器等。

④制动系统：使汽车减速或停车，并可保证驾驶员离去后汽车可靠地驻车。它包括

后轮制动器及控制装置、供能装置和传动装置。

⑤电器系统：包括发电机、电瓶、前大灯总成、后组合尾灯总成、暖风机、雨刮电机等电器件及线束组成。

(3) 车身。

车身包括驾驶室、车厢及工具箱等。

驾驶室采用冲压成型的钢板组合焊接而成，现用驾驶室类型主要有东北王单排驾驶室（户部）、小帅虎单排（排半）驾驶室、大帅虎单排（排半）驾驶室、小帅虎半围驾驶室等品种。

车厢采用冲压成型的钢板和钢管焊接而成，侧挡板和后挡板为冲压件，从而提高了车厢的刚度。车厢为三开式，便于装载货物，车厢的两侧装有挡泥板，可遮挡泥水以免溅到驾驶室和车厢上。车厢底板通过横梁支承在车架上，并用螺栓紧固。现用车厢主要有普通车厢、普通自卸车厢、工程车厢、工程自卸车厢等近三十几个品种。

运输车装有工具箱，其内存放随车工具，便于行车途中使用。

2. 三轮汽车的编号规则

(1) 三轮汽车的产品型号编制规则。

①定义。

三轮汽车产品型号：为了识别车辆，对一种车辆所制定的一组由汉语拼音字母和阿拉伯数字组成的编号。

②型号编制规则。

产品（整车）型号由类别代号、特征代号、主参数代号、功能代号和区别代号组成（如图 4－1 所示）。

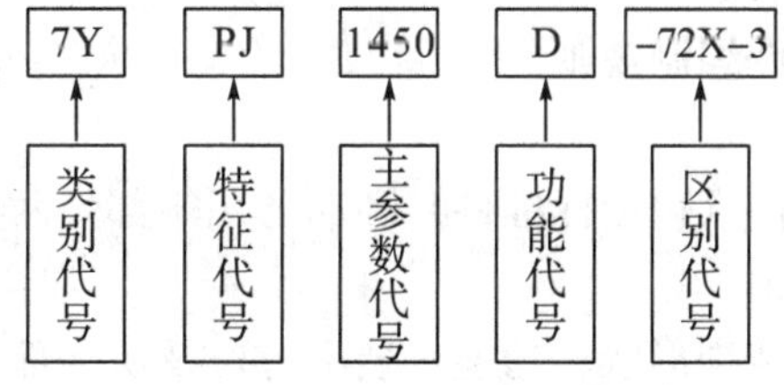

图 4－1　产品型号排列顺序

A. 类别代号：7Y，表示三轮汽车。

B. 特征代号：一般用三轮汽车主要结构的汉语拼音字母的第一个字母表示，根据三轮汽车的结构特点规定如下：

P——装方向盘式转向器；

J——装驾驶室；

Z——轴传动型。

C. 主参数代号：由发动机标定功率和额定载质量的代号组成。

左边数字为功率代号，用发动机 1 h 标定功率千瓦数接近的圆整数表示，例如：

7——标定功率为 6.5 kW 的柴油机；

8——标定功率为 7.4 kW 的柴油机；

9——标定功率为 8.8 kW 的柴油机；

11——标定功率为 12.1 kW 的柴油机；

14——标定功率为 14.7～16.2 kW 的柴油机；

16——标定功率为 18～20 kW 的柴油机。

右边一组数字表示额定载质量，用千克数的十分之一表示，如：

50——额定载质量为 500 kg；

75——额定载质量为 750 kg；

100——额定载质量为 1000 kg。

D. 功能代号：一般用三轮汽车的特殊用途或功能的汉语拼音字母表示，规定如下：

D——自卸式；

C——长头；

P——排半座；

W——双排座；

L——冷藏；

X——箱式；

K——客车。

E. 区别代号：由改进代号和（或）变型代号组成。

大改进区别标志号：结构经较大改进后，在原型号后加注区别标志号，用阿拉伯数字表示（原型号末位为数字时区别标志号前加一短横线）。

小改进区别标志号：结构进行较小改进时，在较大改进区别标志号后面加注小改进区别标志号，用英文字母表示。

（2）三轮汽车的零部件编制规则。

①零部件分类。

零部件包括通用零部件（包括标准件）和非通用零部件两类。

②零部件名称编制规则。

零部件名称可根据其结构形状、功能、装配方位及所属部件不同编制。

A. 按结构形状编制。

☆二级以下分部件名称大致分为组件、总成、机构、焊合四大类。

组件由多种零部件组成，包括总成、机构和焊合，可整体或分布装配到整车上。

总成由多种分总成、焊合及零件组成，只能以整体形式装配到整车上。

机构由多种零部件组成，形成一条联动链，完成某项功能。五征厂只将某一类操纵件组和规定为机构，可整体或分步装配到所属组件或整车上。

焊合由多种零件焊接在一起，只能以整体形式焊接或装配到所属部件或整车上。

☆零件名称按结构形状大致分以下几类：

机加工件：

体、盘、轮、鼓（毂）、座、盖、筒、管、套、轴、销、杆、接头、柄、球等。

其他结构件：

座、架、板、杆、撑、梁、筋、臂、块、盖、卡、环、叉、钩、耳等。

B. 按功能不同编制。

起紧固作用的加“紧固”，起支撑作用的加“支”，起加强作用的加“加强”，起推动作用的加“推”，起导向作用的加“导”，起拉动作用的加“拉”，起压紧作用的加“压”，起扭力作用的加“扭”，起缓冲作用的加“缓冲”，起连接作用的加“连接”。

C. 按装配方位编制。

根据零部件在整车的装配方位，可在名称前加“左、右、前、后、上、下、中”。

D. 按所属部件编制。

属离合机构的零部件前一般加“离合”，属变速机构的零部件前一般加“变速”，属驾驶室组件的零部件前一般加“驾驶室”，属车厢总成的零部件前一般加“车厢”。

③零部件型号编制规则。

零部件编号采用隶属编号方法，隶属编号是按产品、部件、零件的隶属关系编号。隶属编号由产品型号、隶属代号及识别号组成，中间用圆点隔开，必要时可加尾注号。识别号是对二级以下的分部件与零件混合编号（流水号），必要时尾部可加尾注号。分部件的序号应在其所属部件的范围内编号，取用 011～099 之间的数字。二级部件取 011～019（9 个号），三级部件取 020～079（60 个号），四级部件取 080～099（20 个号）（如图 4－2 所示）。

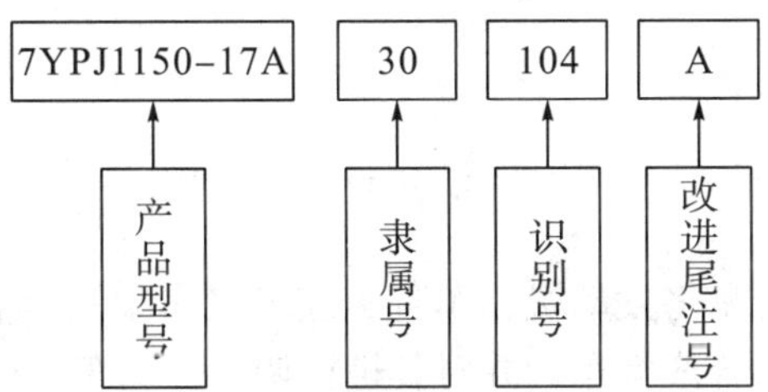

图 4－2 零部件型号排列顺序

隶属号由数字组成，其级数和位数应按产品结构的复杂程度而定。隶属号即一级部件序号（如表 4－1 所示）。

表 4－1 一级部件序号

隶属号	名称	隶属号	名称
20	发动机组件及操纵机构	38	后桥总成
22	排气管组件	44	座椅总成
24	张紧组件	45	驾驶室总成
25	推杆组件	48	电器系统
26	发电机组件	50	燃油箱组件
27	电瓶支架组件	70	车厢总成
28	备胎组件	80	液压操纵系统

续表4－1

隶属号	名称	隶属号	名称
29	工具箱及支架组件	81	消音排气组件
30	车架总成	82	暖风组件
31	板簧（悬架）组件	83	滴水组件

④通用件代号编制。

通用件代号组成：通用件标志号＋一级部件代号＋分部件代号（或零件代号）。单缸柴油三轮车通用件为 WZ001，多缸柴油三轮车通用件为 WZ001Z。

任务拓展

了解农用三轮汽车装配的基础知识。

任务二　三轮汽车装配的基础知识

任务分析

对于三轮车的装配就是将发动机、车身、底盘（车架）、电器四大系统按规定的技术条件和质量要求连接组合成整车，并对其进行调整、试车、检测等使之成为合格整车的过程。装配工作是产品制造过程的最后一道工序。装配工作的好坏，对产品质量起着决定性的作用。在装配时，若零件间的配合不符合规定的技术要求，或各零部件间的相互位置不正确，则装配后必将影响机器的工作性能，使机器无法正常运转。相反，尽管某些零件质量不高，但通过装配时的仔细修理和调整，也能装配出性能良好的产品，所以装配工作是一项非常重要而细致的工作，必须认真做好。

相关知识

一、装配的基本概念

任何一台机器设备都是由许多零件所组成的，将若干合格的零件按规定的技术要求组合成部件，或将若干个零件和部件组合成机器设备，并经过调整、试验等成为合格产品的工艺过程称为装配。

若相配零件之间的配合精度不符合要求、相对位置不准确，则可能会影响机器的工作性能，严重时会使机器无法工作。在装配过程中，不重视清洁工作、粗心大意和不按

工艺要求装配，也不可能装配出好的产品。而装配质量差的机器，其精度低、性能差、功耗大且寿命短，将造成很大的损失。相反，虽然某些零件的精度并不很高，但经过仔细的修配、精确的调整后，仍可能装配出性能良好的产品来。装配是一项十分重要而细致的工作，必须认真去做。

二、装配基础知识

1. 装配工艺规程

（1）装配工艺规程及作用。

装配工艺规程是指规定装配部件和整个产品的工艺过程，以及该过程所使用的设备和工、夹、量具等的技术文件。

装配工艺规程是生产实践和科学实验的总结，是指导装配施工的主要技术文件之一。它规定产品及部件的装配顺序、装配方法、装配技术要求、检验方法及装配时所需的设备、工具、时间定额等，是提高劳动生产率、保证产品质量的必要措施，是组织装配生产的重要依据。只有严格按工艺规程生产，才能保证装配工作的顺利进行，降低成本，增加经济效益。装配工艺规程也应随生产力的发展而不断进步。

（2）装配工艺规程的制定。

①对产品进行分析，认真研究产品装配图、装配技术要求及相关资料，确定产品装配的组织形式和保证装配精度的装配方法，以及产品的试验内容、方法等。

②对产品进行分解，划分装配单元，确定装配顺序。从工艺角度出发，将产品分解成若干个可以独立装配的组件和分组件，即装配单元。确定产品和各装配单元装配顺序时，应首先确定装配基准件。部件装配从基准零件开始，总装配从基准部件开始，然后根据装配结构的具体情况，按照先下后上、先里后外、先难后易、先精密后一般、先重大后轻小的规律去确定其他零件或装配单元的装配顺序。

③绘制装配单元系统图。装配单元系统图是表示产品装配单元的划分及其装配顺序的示意图。当产品构造较复杂时，为了使装配系统图不过分复杂，可分别绘制产品总装及各级部装的装配单元系统图。

④根据装配单元系统图，再将装配工作划分成装配工序和装配工步。由一个工人或一组工人在不更换设备或地点的情况下完成的装配工作称为装配工序。用同一工具，不改变工作方法，并在固定的位置上连续完成的装配工作，称为装配工步。部件装配和总装配都是由若干个装配工序组成的，一个装配工序中可包括一个或几个装配工步。

由装配单元系统图可以清楚地看出成品的装配过程，装配所需零件的名称、编号和数量，并可以根据它划分装配工序，因此可起到指导和组织装配工艺的作用。

⑤制定装配工艺卡片。单件小批生产，不需要制定工艺卡片，工人按装配图和装配单元系统图进行装配。成批生产，应根据装配系统图分别制定总装和部装的装配工艺卡片，简要说明每一工序的工作内容、所需设备和工夹具、工人技术等级、时间定额等。大批量生产则需一序一卡。

2. 装配工艺过程

装配的工艺过程一般由以下四部分组成：

（1）装配前的准备工作。

①研究和熟悉产品装配图及有关的技术资料，了解产品的结构、各零件的作用、相互关系及连接方法。

②确定装配方法。

③确定装配顺序。

④清理装配时所需的工具、量具和辅具。

⑤对照装配图清点零件、外购件、标准件等。

⑥对装配零件进行清理和清洗。

⑦对某些零件还需进行装配前的钳加工（如刮削、修配、平衡试验、配钻、铰孔等）。

（2）装配工作。

对比较复杂的产品，其装配工作分为部件装配和总装配。

①部件装配——凡是将两个以上零件组合在一起或将零件与几个组件结合在一起成为一个单元的装配工作，称为部件装配。

②总装配——把零件和部件装配成完整产品的过程叫总装配。

（3）调整、精度检验和试车。

①调整工作就是调节零件或机构的相互位置、配合间隙、结合松紧等，目的是使机构或机器工作协调（如轴承间隙、镶条位置、齿轮轴向位置的调整等）。

②精度检验就是用量具或量仪对产品的工作精度、几何精度进行检验，直至达到技术要求为止。

③试车是机器装配后，按设计要求进行的运转试验，就是试验机构或机器运转的灵活性、振动情况、工作温度、噪声、转速、功率等性能参数是否达到要求。

（4）喷漆、涂油、装箱。

①喷漆是为了防止不加工面锈蚀并使产品外表美观。

②涂油是使产品工作表面和零件的已加工表面不生锈。

③装箱是产品的保管，待发运。

3. 装配的组织形式

根据生产类型和产品复杂程度的不同，装配工作采用不同的组织形式。一般分为固定式装配和移动式装配两种。

（1）固定式装配。

固定式装配是将产品或部件的全部装配工作安排在一个固定的工作地点进行。在装配过程中，产品的位置不变，装配所需的零件和部件都汇集在工作场地附近。主要应用于单件生产和小批量生产。

（2）移动式装配。

移动式装配是指工作对象（部件或组件）在装配过程中，有顺序地由一个工人转移到另一个工人，即所谓“流水装配法”。移动装配时，常利用传送带、滚道或地面传输线运送装配对象。每一工作地点由一个工人或一组工人重复地完成固定的工作内容。由于每个工人重复地完成固定的工作内容，技术熟练，并且广泛地使用专用设备、专用工

具和采用互换性原则，因而装配质量好、生产效率高、生产成本低，适用于大量生产，如汽车、拖拉机的装配。

4. 装配工作的要求

(1) 装配时，应检查零件与装配有关的形状和尺寸精度是否合格，检查有无变形、损坏等，并应注意零件上的各种标记，防止错装。

(2) 固定连接的零部件，不允许有间隙。活动的零件应能在正常的间隙下，灵活均匀地按规定方向运动，不应有跳动。

(3) 各运动部件（或零件）的接触表面，必须保证有足够的润滑，若有油路，必须畅通。

(4) 各种管道和密封部位，装配后不得有渗漏现象。

(5) 试车前，应检查各部件连接的可靠性和运动的灵活性，各操纵手柄是否灵活，手柄是否在合适的位置。试车时，从低速到高速逐步进行。

5. 装配技术的重要性

三轮车作为机动车辆，危险性可想而知，这要求其刹车性能、转向性能、变速性能等必须稳定可靠，而在使用过程中由于路况、负载大小、天气等工作环境的影响，三轮车承受着振动、冲击、高温和介质腐蚀等，经常发生螺纹紧固件的松动，液压或气动管路螺纹的渗漏，平面之间的渗漏及轴承、带轮、衬套、齿轮松动等，这些问题的存在严重影响设备的正常运行和产品的可靠性。虽然这些问题与零部件的质量有关，但有合格零部件，不一定有合格产品，还要看最后一道工序装调质量。

6. 装配的分类

(1) 组件装配：将若干零件安装在一个基础零件上而构成组件。如减速器中的一根传动轴，就是由轴、齿轮、键等零件装配而成的组件。

(2) 部件装配：将若干个零件、组件安装在另一个基础零件上而构成部件（独立机构）。如车床的床头箱、进给箱、尾架等。

(3) 总装装配：将若干个零件、组件、部件组合成整台机器的操作过程称为总装装配。例如车床就是由几个箱体的部件、组件、零件组合而成。

7. 装配的方法

装配方法是指达到零件或部件最终配合精度的方法。为了保证机器的工件性能，在装配时，必须保证零件之间、部件之间要达到规定的配合要求。产品的结构和生产的条件及生产批量大小不同，采用的装配方法也不相同。装配方法可分为完全互换法、选配法、修配法、调整法等。

(1) 完全互换法。

在同类零件中任取一件，就可以装配成符合要求的机器或产品。装配精度是由零件本身的精度来保证的。

完全互换法的特点：

①装配操作简单，容易掌握，生产效率高。

②便于组织流水作业。

③零件更换方便。

（2）选配法。

选配法也称为分组装配法，是把尺寸相当的零件进行装配，来保证配合精度。但是在装配前，应把零件按尺寸分组，然后将相对应的各组零件进行装配。

选配法的特点：

①经过分组后零件的配合精度高。

②增加了对零件的测量分组工作，并需要对零件进行分类储存管理。

（3）修配法。

在装配过程中，修去某配合件上的预留量来消除积累误差，使配合零件达到规定的装配精度。

修配法特点：

①提高装配精度，适当降低零件精度。

②适合于单件小批量生产。

（4）调整法。

装配时，通过调整一个或几个零件的位置来消除零件之间的积累误差，达到装配的要求。

调整法特点：

①提高装配精度，可定期调整，容易操作。

②调整件易使配合副的刚度受到影响。

注意：调整后的固定要坚实可靠。

8. 装配前的准备工作

（1）物料准备。

根据生产计划，投料员将零部件投放到车间相应工位架上，在这过程中，投料员必须对投入车间的零部件的外观质量负责。领料前，投料员要仔细检查所领件的外观质量，磕碰、挤压、划伤件不得出库；运输过程中，要保证工件完好无损；投放到工位架时要轻拿轻放，严禁粗暴扔抛。对于车间内部装件的运输，其外观质量由周转人负责。操作工对安装在车上的零部件的外观质量负责。

（2）技术准备。

①清理（洗）。

A. 清理（洗）的作用、意义。

在装配过程中，必须保证没有杂质留在零件或部件中，否则就会迅速磨损机器的摩擦表面，严重的会使机器在很短的时间内损坏。由此可见，机器装配过程中的清理对提高产品的装配质量、改善产品的工作性能、延长产品的使用寿命有重要意义，特别对于有高速相对运动的结合面更加重要。有研究表明柴油发动机主要的零部件经清洗后装配，由于其摩擦功耗和磨损减小，仅柴油、机油的消耗比没清洗时减少 10%～20%。

B. 对零件的清理和清洗内容。

装配前，清除零件上的残存物，如型砂、铁锈、切屑、油污及其他污物。

装配后，清除在装配时产生的金属切屑，如配钻孔、铰孔、攻螺纹等加工的残存

切屑。

部件或机器试车后，洗去由摩擦、运行等产生的金属微粒及其他污物。

C. 清理（洗）工艺。

清洗工艺包括清洗方法、清洗液及清洗工艺参数等，根据工件的清洗要求、生产批量、工艺材料、表面污物和机械杂质的性质等因素确定。例如：后桥、发动机装配过程中，要清洗箱体、齿轮等；后桥的磨合采用机油与柴油混合油，也有清洗的作用。

整车装配前的清理（洗）主要指清理安装面间的焊渣、焊瘤、毛刺、沙土等。例如：传动轴万向节面与变速箱输出轴连接面、传动轴万向节面与后桥输入轴连接面应保持清洁无杂物；螺栓安装面要平整，无焊渣、焊瘤，防止杂物将平垫垫起；各油管接头应清洁、无污物以保证油液清洁。

②平衡。

平衡的作用、意义：

所有旋转体由于材质不均匀或加工装配的误差而导致转子的重心偏离旋转中心，而产生振动和噪声，为改善这种情况并运转平稳、减少振动，则要使旋转体平衡。平衡分为静平衡和动平衡。

9. 总装配时应注意的事项

（1）严格按照工艺规程所规定的操作步骤和使用工具进行装配。

（2）在装配过程中，应遵循从里到外、从上到下、以不影响下道工序为原则的次序进行。

（3）装配时要认真细心地进行，对各配合零件的操作，不能破坏其本身的精度和光洁度。

（4）在任何情况下，均应保证污物不进入零部件内。

（5）机器总装后，要在滑动和旋转部分加润滑油，以防在运转时有拉毛、咬住或烧毁的危险。

（6）最后，要严格按照技术要求，进行逐项的检查工作。如油路要畅通，手柄位置要正确，各种变速和变向机构要操纵灵活，等等。

三、汽车产品总装配操作内容要点

1. 汽车产品总装配操作内容要点

（1）牢固树立“质量第一，安全第一”的思想意识，积极遵照工艺纪律及质量管理各项规定要求，以严肃认真的工作态度、正确科学的操作方法和团结协作的团队精神，搞好产品装配生产作业。

（2）在装配操作过程中，装配工应遵守“三按”“三定”“五字法”规定，其内容如下：

①“三按”的内容：按图纸、按工艺、按标准进行生产。

②“三定”的内容：定人、定机、定工种。

③“五字法”的内容：借、看、提、办、检。

借：借阅资料、工艺卡。

看：仔细阅读工艺卡。

提：对照工艺提出问题。

办：按照工艺规定执行。

检：检查操作过程中对工艺规定的执行情况。

（3）装配工在装配之前，应首先熟悉本工位的工艺文件、图纸及技术要求；在装配作业过程中，应严格按照工艺文件、产品图纸及其他质量技术文件等要求进行操作；装配完毕后，装配工应自检所装配的内容是否符合工艺要求，保证质量，最后应及时在质量跟单上签名。

（4）装配中所使用的各种工具、夹具、量具应具备合格标准及完整性；各零部件及分总成，在装配中应保持清洁干净，不应直接接触地面，装配场地应清洁整齐，做到文明生产；零部件工作表面应无损伤、磕碰，分总成及阀类各种工艺堵不应在装配前启封；未经检验及不合格的零部件不得装配使用，装配前应主动检查零部件，发现不合格产品及零部件，应及时向检查员及主管工艺员报告。

（5）装配工作中不得擅自更改零件清单，防止错装、乱装、漏装，工作自检与互检相结合以确保正确无误，对不能互换的零件及有规定标记的零件应做装配标记；在装配过程中，凡是装调合格、有调整螺钉的零部件，不得擅自调动调整螺钉。例如四回路保护阀、调压阀等零件。

（6）装配工艺中应用木质、橡胶及其他软质、手锤等工具时，禁止使用铁榔头直接敲击零部件工作表面；装配中所用各种密封橡胶条、隔音、隔热板及其他内饰覆盖件，黏接应牢固，黏接表面要清洁，不得起皱、断落，涂胶应均匀；装配中各种液、气管路连接时，应先检查接头部、坡口有无折裂及异物，管口应清洁，联管螺母牙型完好，以保证可靠连接；以正确方式涂上螺纹密封胶（如乐泰 569）后再进行装配，注意胶液不得进入管腔，防止堵塞管路。流水线装配操作禁用胶带；装配中的运动件配合面均匀涂刷润滑脂，不得干装，并确保装配的正确性，各润滑部位均匀加够润滑脂；全车各气管路及电线束应敷设整齐，走向顺畅，避免互相缠绕、打死折、杂乱、叠压或与其他零部件干涉，保证接头或插片连接牢固，不得松脱，每间隔 20 cm 应用塑料紧固带捆扎，每间隔 50 cm 要有固定点。

（7）滚动轴承应在装配前开封，并应保持清洁，使用专用压具，禁止直接经轴承传递外力；油封装配中的零部件应保持接触面清洁，并涂以润滑油，用专用工具装配，禁止用手锤敲击装配；调整用的垫圈，应平整、无凹凸不平、无其他异物；螺纹连接件，不得用气扳机直接拧紧，应用手带上几扣之后，再使用气扳机；螺纹连接件，应选用尺寸相当的规定扳手、套筒进行操作。

（8）双头螺栓装配中应先拧至螺孔底部，总成外部主要螺栓应伸出螺母一扣以上，一般情况下螺栓超出螺母的长度应小于 20 mm；多条螺栓紧固应按拧紧顺序或十字交叉来均匀紧固，紧固中应按规定力矩拧紧；凡需要过扣的部位应先确定螺纹牙径，过扣后应及时清理残屑，严防异物、铁屑未清理而进行装配；凡需用扭力扳手和转角扳手装配的螺栓，头部支撑面和螺纹部分应涂润滑脂；螺栓紧固后弹簧垫圈如有损坏应及时更

换；采用自锁螺母应避免拆卸，以保证自锁性能。

(9) 对工艺文件规定的扭矩值应用扭力扳手进行检验，并定期校验扭力扳手的准确性；无特殊规定的螺纹连接件，其螺栓螺母扭紧力矩按 N05053 规定执行；自产车中无特殊规定的螺纹连接件，其螺栓螺母扭紧力矩按 SQB 03006—2007 执行；各种软管卡子扭矩按 N05074 进行装配；开口销在穿过销轴孔后应分别向两边扳开；在装配各种踏板时，应使各转动部位灵活，转动时不能与其他部位有干涉和磕碰；工艺文件中规定涂抹各种密封胶的部位，装配时应按要求涂抹；在装配工艺中，未注明螺栓装配方向时，统一从纵梁外侧向内侧穿过，或从纵梁上面向下穿过，或从汽车行驶方向由前向后穿过。

四、一般部件的装配要点

1. 螺栓、螺母的装配

(1) 螺栓、螺母的装配是用螺纹的连接装配，它在机器制造中广泛使用，具有装拆、更换方便，易于多次装拆等优点。

螺栓、螺母紧固前的准备工作：

①螺栓装配前，应检查螺栓孔是否干净，有无毛刺。

②检查被连接件与螺栓、螺母接触的平面，是否与螺栓孔垂直。

③检查螺栓与螺母配合的松紧程度。

紧固成组的多个螺栓，装配时应先将全部螺栓拧上螺母，然后根据螺栓的布置情况按一定顺序拧紧。为使成组螺栓达到均匀紧固的要求，不得一次将螺母完全拧紧，必须分成几次，并每次按顺序拧紧到同一程度，直至完全紧固。如有定位销，拧紧要从定位销附近开始。

螺母紧固后，螺栓末端应露出螺母外 1.5～5 个螺距。

(2) 拧紧成组螺栓、螺母的方法。

①“一”形排开的螺栓、螺母的拧紧方法：应按从中间向两边均匀拧紧。

②矩形排列的成组螺栓、螺母的拧紧方法：先分别拧中间对称位置的，然后向矩形两边扩展，并分两次以上拧紧。

③圆形排列的成组螺栓、螺母的拧紧方法：按逆时针方向拧紧，不要一次拧紧，须分 2～3 次拧紧。

(3) 螺栓、螺母的作用。

一般螺栓连接时采用紧固连接。螺栓紧固的目的是增强连接的刚性、紧密性和防松能力，提高受拉螺栓的疲劳强度，增大连接中受剪螺栓的摩擦力，从而提高传递载荷的能力。

(4) 螺栓等级分类。

螺栓机械性能等级可分为 3.6、4.6、4.8、5.6、5.8、6.8、8.8、9.8、10.9、12.9 共 10 个性能等级。等级分类中各数值的表示（n.m）：小数点前表示抗拉强度 n×100 MPa，小数点后表示屈强比 0.m。

例如 4.8 级螺栓：4 表示抗拉强度是 4×100＝400 MPa，8 表示屈服强度是 400×

0.8=320 MPa。

注：

①抗拉强度：材料在拉伸断裂前所能够承受的最大拉应力。

②屈服强度：材料开始产生宏观塑性变形时的应力。

③屈强比：屈服强度与抗拉强度的比值，称为屈强比。

④强度换算：1 MPa=10.1972 kgf/cm^2。

2. 开口销的装配

开口销一般用于螺纹连接时锁紧螺栓和螺母。为此需使用螺杆末端带孔的螺栓（如 GB 31—76 规定的六角头螺杆带孔螺栓），在拧紧槽形螺母时使开槽与螺杆上的孔对正，穿入适当规格的开口销，其尾部应向两边分开，分开角度应不小于 90°，即可阻止螺母与螺杆相对转动，在机器震动时可有效地防止连接的松动。

3. 轴承的装配

轴承安装不正确，会出现卡住、温度过高现象，导致轴承早期损坏。因而轴承安装的好坏与否，将影响到轴承的精度、寿命和性能。

（1）轴承装配前的注意事项。

①轴承的准备。由于轴承经过防锈处理并加以包装，因此不到临安装前不要打开包装。另外，轴承上涂布的防锈油具有良好的润滑性能，对于一般用途的轴承或充填润滑脂的轴承，可不必清洗直接使用。但对于仪表用轴承或用于高速旋转的轴承，应用清洁的清洗油将防锈油洗去，这时轴承容易生锈，不可长时间放置。

②轴与外壳的检验。清洗轴承与外壳，确认无伤痕或机械加工留下的毛刺。外壳内绝对不得有研磨剂、型砂、切屑等。其次检验轴与外壳的尺寸、形状和加工质量是否与图纸符合。安装轴承前，在检验合格的轴与外壳的各配合面涂布机械油。

（2）轴承的安装方法。

轴承的安装应根据轴承结构、尺寸大小和轴承部件的配合性质而定，压力应直接加在紧配合的套圈端面上，不得通过滚动体传递压力。轴承安装一般采用如下方法：

①压入配合：轴承内圈与轴是紧配合，外圈与轴承座孔是较松配合时，可用压力机将轴承先压装在轴上，然后将轴连同轴承一起装入轴承座孔内。压装时在轴承内圈端面上，垫一软金属材料做的装配套管（铜或软钢），装配套管的内径应比轴颈直径略大，外径直径应比轴承内圈挡边略小，以免压在保持架上。轴承外圈与轴承座孔是紧配合，内圈与轴为较松配合时，可将轴承先压入轴承座孔内，这时装配套管的外径应略小于座孔的直径。如果轴承套圈与轴及座孔都是紧配合，安装室内圈和外圈要同时压入轴和座孔，装配套管的结构应能同时押紧轴承内圈和外圈的端面。

②加热配合：通过加热轴承或轴承座，利用热膨胀将紧配合转变为松配合，是一种常用和省力的安装方法。此法适于过盈量较大的轴承的安装，热装前把轴承或可分离型轴承的套圈放入油箱中均匀加热至 80～100 ℃，然后从油中取出尽快装到轴上，为防止冷却后内圈端面和轴肩贴合不紧，轴承冷却后可以再进行轴向紧固。轴承外圈与轻金属制的轴承座紧配合时，采用加热轴承座的热装方法，可以避免配合面受到擦伤。

③分清轴承的紧环和松环（根据轴承内径大小判断，孔径相差 0.1～0.5 mm）。分清机构的静止件（即不发生运动的部件，主要是指装配体）。无论什么情况，轴承的松环始终应靠在静止件的端面上。

④检验。轴承安装后应进行旋转试验，首先用于旋转轴或轴承箱，若无异常，便以动力进行无负荷、低速运转，然后视运转情况逐步提高旋转速度及负荷，并检测噪音、振动及温升，发现异常，应停止运转并检查。运转试验正常后方可交付使用。

（3）滚动轴承装配工艺。

①装配前必须清洗、检查。

②轴承上标有代号的端面应装在可见方向。

③装配时应用套或铜棒，但不能用手锤直接敲击。

④装配中心推力滚子轴承时，游隙可在装配后调整，一般用垫片、螺钉、螺母调整。

⑤装后应加润滑油，检查如有音，均应重新调整。

（4）滑动轴承装配工艺。

①装配前做好清理、清洁工作。

②对尺寸过盈的可用压力机压入，但必须防止倾斜，油槽和油孔应处于所需要的位置。

③对压后变形的轴、套可用铰削、刮研等方法处理，并控制好与轴的配合间隙。

4. 管路装配

（1）拧紧管口时，应先将管口对正，备好螺母并用手预紧，然后用扳手拧紧。

（2）凡锥口螺纹连接的管口，不得反复拆卸。

（3）尼龙管连接时不得有窝折现象。

（4）对有涂胶要求的管口，应将密封胶均匀地涂在管口螺纹处，管口端面不得有胶。

（5）管路走向应保持平行。

（6）用钢丝卡箍及钢带卡箍固定管口时，不得歪斜，否则容易造成泄露。同时卡箍上的同定螺栓方向应满足方便拆卸维修的要求。

5. 塑料件装配

（1）零件装配前检查零件的表面质量状况（划伤、明显色差、裂纹），取放零件时应轻拿轻放，零件不得落地。

（2）装配时风动起子挡位应选择低速挡，紧固中不得反复冲击固定螺钉，导致零件被打裂，同时注意螺钉头不得打花。

（3）装配中应防止螺钉、工具对零件的划伤。

6. 带传动装配

（1）带装配前应检查规格、型号及长度。

（2）带传动的两轮中间平面应重合，倾斜角和轴向偏移量不超过 1°。

（3）带组装后的张紧力以大拇指在中间处能按下 15 mm 左右即可。

7. 链传动装配

(1) 链传动中两链轮的轴向偏移量：中心距≤500，允许偏 1 mm；中心距>500，允许偏 2 mm。

(2) 径向和端面跳动量：

链动直径（mm）	≤100	100～200	200～300	300～400
允许跳动（mm）	0.3	0.5	0.8	1

(3) 连接两端弹簧卡片开口方向与键的运动方向相反。

(4) 链的垂度在传动时应等于长度的 2%。

(5) 装后应加注润滑油（HJ20－50 或 HQ10－15）。

8. 齿轮副

(1) 齿轮在装配中应去除毛刺、清洗干净。

(2) 开式齿轮应保持两齿轮的平行。

(3) 用涂色法检查接触斑点不少于 40%～60%，用压铅丝法检查侧隙（按图样要求）。

(4) 开式齿轮用钙、钠基润滑油，闭式齿轮应加润滑油到规定的油位，不得低于规定线之下。

(5) 装后两齿轮相对运动应无死硬点（用手转）。

(6) 进行空载跑合、加载跑合，需从低速、中速到高速。

9. 蜗轮蜗杆装配

(1) 蜗轮蜗杆在装配前应先将箱体清理、除锈、上漆，将所有组合件去毛刺、清洗。

(2) 蜗杆传动机构的装配顺序一般先装蜗杆，并通过调整垫圈厚度得到固定，使其中间平面处于正确的轴向位置。

(3) 用涂色法检查蜗轮装入后与蜗杆的相互位置及啮合情况。

(4) 装配后的蜗杆机构用手旋转相同的扭矩，不论任何位置均应无啮住和轻重现象，转动灵活。

(5) 进行空载跑合和加载跑合。

五、工艺的特别要求及操作要领

1. 本岗位的加油量标准要求

(1) 三轮汽车后桥加油量标准。

①单缸后桥加油量（如表 4－2 所示）。

表 4－2 单缸后桥加油量

后桥类型	润滑油型号	后桥厂家	加油量/L
微四挡	L－CLD 中载荷车辆齿轮油（GL－4）	中至欣欣	2

续表4－2

后桥类型	润滑油型号	后桥厂家	加油量/L
四挡	L－CLD中载荷车辆齿轮油（GL－4）	自制	2.6
五挡	L－CLD中载荷车辆齿轮油（GL－4）	自制	2.6
六挡	L－CLD中载荷车辆齿轮油（GL－4）	自制	2.6
八挡	L－CLD中载荷车辆齿轮油（GL－4）	自制	4
强化六挡（轴传动）	L－CLD中载荷车辆齿轮油（GL－4）	自制	5.5
九挡（灰铁箱体）	L－CLD中载荷车辆齿轮油（GL－4）	自制	4
九挡（球铁箱体）	L－CLD中载荷车辆齿轮油（GL－4）	自制	4.7
十挡	L－CLD中载荷车辆齿轮油（GL－4）	自制	5.5
十挡老箱体	L－CLD中载荷车辆齿轮油（GL－4）	自制	7.7
十挡轴传动	L－CLD中载荷车辆齿轮油（GL－4）	自制	7.7
重十挡	L－CLD中载荷车辆齿轮油（GL－4）	自制	7.7
重十挡轴传动	L－CLD中载荷车辆齿轮油（GL－4）	自制	9.4
轴传动箱	L－CLD中载荷车辆齿轮油（GL－4）	自制	0.5

②多缸后桥加油量（如表4－3所示）。

表4－3 多缸后桥加油量

后桥类型	润滑油型号	后桥厂家及加油量/L			
		润博	曙光	宇田	三众
130系列	L－CLE中载荷车辆齿轮油GB 13895—1992（GL－5）	3.5	2.5	2.5	——
1043系列	L－CLE中载荷车辆齿轮油GB 13895—1992（GL－5）	3.5	3.5	3.5	3.5
1059系列	L－CLE中载荷车辆齿轮油GB 13895—1992（GL－5）	——	——	3.5	3.5
1061系列	L－CLE中载荷车辆齿轮油GB 13895—1992（GL－5）	——	——	4.2	4.2
1080系列	L－CLE中载荷车辆齿轮油GB 13895—1992（GL－5）	——	——	——	4.7
1090系列	L－CLE中载荷车辆齿轮油GB 13895—1992（GL－5）	——	——	——	7
多缸后桥加注润滑油的量与各种后桥的容积有关，也与板簧座倾角大小有关，总的原则是加到从动圆锥齿轮的1/3处。在工作状态看，油液面与加油孔齐平就可以了。					

（2）三轮汽车变速箱加油量标准（如表4－4所示）。

表4－4 变速箱加油量

变速箱型号	润滑油型号	加油量/L	
		主箱	副箱
1608	重负荷齿轮油GL－5，且为夏冬两用的85W/90	0.8	——

续表4－4

变速箱型号	润滑油型号	加油量/L	
		主箱	副箱
515	重负荷齿轮油 GL－5，且为夏冬两用的 85W/90	1	——
520	重负荷齿轮油 GL－5，且为夏冬两用的 85W/90	2	——
520BIY	重负荷齿轮油 GL－5，且为夏冬两用的 85W/90	1.7	——
525	重负荷齿轮油 GL－5，且为夏冬两用的 85W/90	2	——
527HF	重负荷齿轮油 GL－5，且为夏冬两用的 85W/90	2	0.8
538（临齿）	重负荷齿轮油 GL－5，且为夏冬两用的 85W/90	4.2	——
538HF（长齿）	重负荷齿轮油 GL－5，且为夏冬两用的 85W/90	4.2	1.05
538HF（临齿）	重负荷齿轮油 GL－5，且为夏冬两用的 85W/90	5.8	1.05
541HF	重负荷齿轮油 GL－5，且为夏冬两用的 85W/90	4.2	1.2
140HF	重负荷齿轮油 GL－5，且为夏冬两用的 85W/90	5.5	1

（3）三轮汽车发动机加油量标准（如表 4－5 所示）。

表 4－5　发动机加油量

发动机型号	润滑油型号	加油量	液面位置
常柴			——
R185	冬季用 ECC－30 号柴油机油，夏季用 ECC－40 号柴油机油	1.5	——
R190	冬季用 ECC－30 号柴油机油，夏季用 ECC－40 号柴油机油	1.5	——
S195	冬季用 ECC－30 号柴油机油，夏季用 ECC－40 号柴油机油	2.5	——
ZS1100	冬季用 ECC－30 号柴油机油，夏季用 ECC－40 号柴油机油	2.5	——
ZS1105	冬季用 ECC－30 号柴油机油，夏季用 ECC－40 号柴油机油	2.5	——
ZS1110	冬季用 ECC－30 号柴油机油，夏季用 ECC－40 号柴油机油	3	——
ZS1115	冬季用 ECC－30 号柴油机油，夏季用 ECC－40 号柴油机油	3	——
L24	冬季用 ECC－30 号柴油机油，夏季用 ECC－40 号柴油机油	3	——
L28	冬季用 ECC－30 号柴油机油，夏季用 ECC－40 号柴油机油	3	——
L12	冬季用 ECC－30 号柴油机油，夏季用 ECC－40 号柴油机油	2.5	——
CZ380Q	冬季用 ECC－30 号柴油机油，夏季用 ECC－40 号柴油机油	3	——
CZ475Q	冬季用 ECC－30 号柴油机油，夏季用 ECC－40 号柴油机油	5	——
CZ480QA	冬季用 ECC－30 号柴油机油，夏季用 ECC－40 号柴油机油	5	——
ZN485QA	冬季用 ECC－30 号柴油机油，夏季用 ECC－40 号柴油机油	7	——
ZN490B	冬季用 ECC－30 号柴油机油，夏季用 ECC－40 号柴油机油	7	——
4L68	冬季用 ECC－30 号柴油机油，夏季用 ECC－40 号柴油机油	7	——

续表4－5

发动机型号	润滑油型号	加油量	液面位置
常发			
R190	冬季用 ECC－30 号柴油机油，夏季用 ECC－40 号柴油机油	2.5	游标尺上刻线
ZS195	冬季用 ECC－30 号柴油机油，夏季用 ECC－40 号柴油机油	3	游标尺上刻线
ZS1100	冬季用 ECC－30 号柴油机油，夏季用 ECC－40 号柴油机油	3	游标尺上刻线
ZS1105	冬季用 ECC－30 号柴油机油，夏季用 ECC－40 号柴油机油	3	游标尺上刻线
ZS1110	冬季用 ECC－30 号柴油机油，夏季用 ECC－40 号柴油机油	3.5	游标尺上刻线
ZS1115	冬季用 ECC－30 号柴油机油，夏季用 ECC－40 号柴油机油	3.5	游标尺上刻线
CF25	冬季用 ECC－30 号柴油机油，夏季用 ECC－40 号柴油机油	3.5	游标尺上刻线
CF139BM	冬季用 ECC－30 号柴油机油，夏季用 ECC－40 号柴油机油	3.5	游标尺上刻线
CFZS1125	冬季用 ECC－30 号柴油机油，夏季用 ECC－40 号柴油机油	3.5	游标尺上刻线
CFZS1130	冬季用 ECC－30 号柴油机油，夏季用 ECC－40 号柴油机油	3.5	游标尺上刻线
常工			
YDS195	冬季用 ECC－30 号柴油机油，夏季用 ECC－40 号柴油机油	2.5	——
YDZS195	冬季用 ECC－30 号柴油机油，夏季用 ECC－40 号柴油机油	2.5	——
YDZS1100	冬季用 ECC－30 号柴油机油，夏季用 ECC－40 号柴油机油	2.5	——
YDZS1105	冬季用 ECC－30 号柴油机油，夏季用 ECC－40 号柴油机油	2.5	——
YDZS1110	冬季用 ECC－30 号柴油机油，夏季用 ECC－40 号柴油机油	2.8	——
YDZS1115	冬季用 ECC－30 号柴油机油，夏季用 ECC－40 号柴油机油	2.8	——
YDZS1118	冬季用 ECC－30 号柴油机油，夏季用 ECC－40 号柴油机油	2.8	——
莱动			
KM385BT	冬季用 ECC－30 号柴油机油，夏季用 ECC－40 号柴油机油	6.8	——
LD1110	冬季用 ECC－30 号柴油机油，夏季用 ECC－40 号柴油机油	2.6	——
LD1115	冬季用 ECC－30 号柴油机油，夏季用 ECC－40 号柴油机油	2.6	——
LDKM130	冬季用 ECC－30 号柴油机油，夏季用 ECC－40 号柴油机油	2.6	——
LDKM138	冬季用 ECC－30 号柴油机油，夏季用 ECC－40 号柴油机油	2.6	——
LD24	冬季用 ECC－30 号柴油机油，夏季用 ECC－40 号柴油机油	2.6	——
LD26	冬季用 ECC－30 号柴油机油，夏季用 ECC－40 号柴油机油	2.6	——
LD28	冬季用 ECC－30 号柴油机油，夏季用 ECC－40 号柴油机油	2.6	——
LDKM160	冬季用 ECC－30 号柴油机油，夏季用 ECC－40 号柴油机油	3.5	——
LDKM173	冬季用 ECC－30 号柴油机油，夏季用 ECC－40 号柴油机油	3.5	——
LDLL380	冬季用 ECC－30 号柴油机油，夏季用 ECC－40 号柴油机油	3.5	——

续表4－5

发动机型号	润滑油型号	加油量	液面位置
LDLL475	冬季用 ECC－30 号柴油机油，夏季用 ECC－40 号柴油机油	4.5	——
LDLL480	冬季用 ECC－30 号柴油机油，夏季用 ECC－40 号柴油机油	4.5	——
LDLL485QB	冬季用 ECC－30 号柴油机油，夏季用 ECC－40 号柴油机油	4.5	——
LD4L22B	冬季用 ECC－30 号柴油机油，夏季用 ECC－40 号柴油机油	4.5	——
全柴			
QCR185	冬季用 ECC－30 号柴油机油，夏季用 ECC－40 号柴油机油	1.1	——
QCR190	冬季用 ECC－30 号柴油机油，夏季用 ECC－40 号柴油机油	1.1	——
QCZS1105	冬季用 ECC－30 号柴油机油，夏季用 ECC－40 号柴油机油	2.4	——
QCZS1115	冬季用 ECC－30 号柴油机油，夏季用 ECC－40 号柴油机油	2.4	——
QC24	冬季用 ECC－30 号柴油机油，夏季用 ECC－40 号柴油机油	2.4	——
QC380	冬季用 ECC－30 号柴油机油，夏季用 ECC－40 号柴油机油	3.7	游标尺上刻线下方 5 mm
QC480	冬季用 ECC－30 号柴油机油，夏季用 ECC－40 号柴油机油	4.6	游标尺上刻线下方 5 mm
N485QA	冬季用 ECC－30 号柴油机油，夏季用 ECC－40 号柴油机油	4.8	游标尺上刻线下方 5 mm
QC490QA	冬季用 ECC－30 号柴油机油，夏季用 ECC－40 号柴油机油	6	游标尺上刻线下方 5 mm
QC490QB	冬季用 ECC－30 号柴油机油，夏季用 ECC－40 号柴油机油	6.2	游标尺上刻线下方 5 mm
QC495QA	冬季用 ECC－30 号柴油机油，夏季用 ECC－40 号柴油机油	7	游标尺上刻线下方 5 mm
QC495QB	冬季用 ECC－30 号柴油机油，夏季用 ECC－40 号柴油机油	7.2	游标尺上刻线下方 5 mm
江动			
JDS1100	冬季用 ECC－30 号柴油机油，夏季用 ECC－40 号柴油机油	2.5	油标尺刻线中间
JDZS1105	冬季用 ECC－30 号柴油机油，夏季用 ECC－40 号柴油机油	2.5	油标尺刻线中间
JDZS1110	冬季用 ECC－30 号柴油机油，夏季用 ECC－40 号柴油机油	2.5	油标尺刻线中间
JDZS1115	冬季用 ECC－30 号柴油机油，夏季用 ECC－40 号柴油机油	3.5	油标尺刻线中间
JDZH1125	冬季用 ECC－30 号柴油机油，夏季用 ECC－40 号柴油机油	3.5	油标尺刻线中间
JD118	冬季用 ECC－30 号柴油机油，夏季用 ECC－40 号柴油机油	3.5	油标尺刻线中间
JDZH1130	冬季用 ECC－30 号柴油机油，夏季用 ECC－40 号柴油机油	3.5	油标尺刻线中间
JD33	冬季用 ECC－30 号柴油机油，夏季用 ECC－40 号柴油机油	3.5	油标尺刻线中间

续表4－5

发动机型号	润滑油型号	加油量	液面位置
朝阳			
CY485Q 平底型	冬季用 ECC－30 号柴油机油，夏季用 ECC－40 号柴油机油	7.5	油标尺刻线中间
CY490Q 平底型	冬季用 ECC－30 号柴油机油，夏季用 ECC－40 号柴油机油	7.5	油标尺刻线中间
CY485Q 大肚型	冬季用 ECC－30 号柴油机油，夏季用 ECC－40 号柴油机油	8	油标尺刻线中间
CY490Q 大肚型	冬季用 ECC－30 号柴油机油，夏季用 ECC－40 号柴油机油	8	油标尺刻线中间
CY4100Q 大肚型	冬季用 ECC－30 号柴油机油，夏季用 ECC－40 号柴油机油	10.5	油标尺刻线中间
CY4102Q 大肚型	冬季用 ECC－30 号柴油机油，夏季用 ECC－40 号柴油机油	10.5	油标尺刻线中间
一汽解放			
YQXC485QB	冬季用 ECC－30 号柴油机油，夏季用 ECC－40 号柴油机油	7.5	游标尺上刻线 下方 5 mm
YQXC490QB	冬季用 ECC－30 号柴油机油，夏季用 ECC－40 号柴油机油	8	游标尺上刻线 下方 5 mm
YQXC4102QB	冬季用 ECC－30 号柴油机油，夏季用 ECC－40 号柴油机油	10.5	游标尺上刻线 下方 5 mm
扬动			
YD380Q	冬季用 ECC－30 号柴油机油，夏季用 ECC－40 号柴油机油	4	——
YD480Q	冬季用 ECC－30 号柴油机油，夏季用 ECC－40 号柴油机油	4.5	——
YD485Q	冬季用 ECC－30 号柴油机油，夏季用 ECC－40 号柴油机油	4.5	——
YDYND485Q （原装）	冬季用 ECC－30 号柴油机油，夏季用 ECC－40 号柴油机油	4.5	——
YDYSD490Q	冬季用 ECC－30 号柴油机油，夏季用 ECC－40 号柴油机油	4.3	——
YDYSD4100QB	冬季用 ECC－30 号柴油机油，夏季用 ECC－40 号柴油机油	9	——
YDYSD4102QB	冬季用 ECC－30 号柴油机油，夏季用 ECC－40 号柴油机油	9	——
四达			
SD485 普通	冬季用 ECC－30 号柴油机油，夏季用 ECC－40 号柴油机油	7	——
SD485 背包	冬季用 ECC－30 号柴油机油，夏季用 ECC－40 号柴油机油	9	——
SD490 普通	冬季用 ECC－30 号柴油机油，夏季用 ECC－40 号柴油机油	7	——
SD490 背包	冬季用 ECC－30 号柴油机油，夏季用 ECC－40 号柴油机油	9	——

续表4－5

发动机型号	润滑油型号	加油量	液面位置
SD4100 普通	冬季用 ECC－30 号柴油机油，夏季用 ECC－40 号柴油机油	9	——
SD4100 背包	冬季用 ECC－30 号柴油机油，夏季用 ECC－40 号柴油机油	12	——
SD4102 普通	冬季用 ECC－30 号柴油机油，夏季用 ECC－40 号柴油机油	9	——
SD4102 背包	冬季用 ECC－30 号柴油机油，夏季用 ECC－40 号柴油机油	12	——
云内			
YN4100	冬季用 ECC－30 号柴油机油，夏季用 ECC－40 号柴油机油	6.8	——

（4）三轮汽车转向机加油量标准（如表 4－6 所示）。

表 4－6　转向机加油量

转向机图号	转向机传动形式	润滑油型号	加油量/L
7YP1150－22D2.35.011	球面蜗杆	80W 齿轮油	0.25
7YP1150－23D.35.011	球面蜗杆	80W 齿轮油	0.25
7YP850.35.011	球面蜗杆	80W 齿轮油	0.25
7YP850－12D.35.011	球面蜗杆	80W 齿轮油	0.25
7YP950D1.35.011	球面蜗杆	80W 齿轮油	0.25
7YPJZ1150.35.012	球面蜗杆	80W 齿轮油	0.25
7YPJZ1675P－22.35.011	球面蜗杆	80W 齿轮油	0.25
7YPJZ1675P－22.35.011－1	球面蜗杆	80W 齿轮油	0.25
7YPJZ1675P－25－1.35.012	球面蜗杆	80W 齿轮油	0.25
7YPJZ1675P－29.35.013	循环球	80W 齿轮油	1
7YPJZ2310P－1.35.011	球面蜗杆	80W 齿轮油	0.25
7YPJZ2310PD－12.35.010	球面蜗杆	80W 齿轮油	0.25

2. 本岗位的扭矩标准要求

装配车间主要部位扭矩表如表 4－7 所示。

表 4−7 装配车间重要部位扭矩表

安装部位及螺纹规格		要求扭矩/N·m
后桥骑马螺栓	M12	35~55
	M16	80~120
后桥板簧销	M14	60~80
	M16	80~120
前轮偏头螺钉	M14×1.5	90~130
	M16	240~280
	M18×1.5	260~340
后轮紧固	M14	160~220
	M18	280~360
	M30	400~500
前轮轴螺母	M24×2	220~260
	M30×1.5	280~340
转向柱联板固定（下）	M39×1.5	340~400
减震器联板固定螺母	M32×1.5	220~260
	M33	
	M40×1.5	300~360
	M45	
	M47×1.5	
转向柱锁紧螺母扭矩	M30	160~220
	M35	220~260
	M45	300~360
	M50	
发动机固定栓	M10	60~80
	M12	
转向球头	M14	70~100
排气管	M8	20~3
	M10	40~60
传动轴	M10×1	65~95
方向机座固定	M8	20~30
	M10	60~80
转向摇臂固定螺母	M20×1.5	160~200

续表4－7

安装部位及螺纹规格		要求扭矩/N·m
皮带轮	M10	60～80
	M12	80～110
	M14	100～150
方向盘固定	M12	35～55
转向柱上部轴承固定螺母	M45×1.5	300～360
	M50×1.5	
普通螺栓	M10	20～40
	M12	35～55
	M～4	60～80

任务拓展

了解三轮车标准件基础知识以及重要构件的调整。

任务三　三轮车标准件基础知识以及重要构件的调整

任务分析

三轮汽车在装配的过程当中，为了保证汽车的生产效率，必须学会标准件的基础知识。同时要求学生掌握三轮汽车重要构件的调整。

相关知识

一、标准件基础知识

1. 常用螺纹副类型

螺纹连接是机械零部件之间结合的最常用方式之一，与铆接、焊接等结合方式相比，具有装配与维修的方便性，也是标准化程度最高的机械零件。汽车常用螺纹紧固件主要包括螺栓、螺柱、螺钉、螺母、弹簧垫圈、平垫圈等。常用螺纹副类型如表4－8所示。

表 4-8 常用螺纹副类型

螺纹副		紧固件名称	简图	常用品种
普通螺纹	外螺纹	六角螺栓	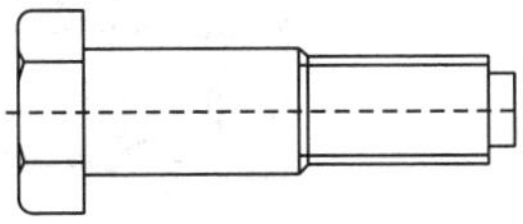	六角螺栓、六角法兰面螺栓、六角法兰承面带锁齿螺栓、六角头螺栓带垫圈组合件等
		六角螺杆带孔螺栓	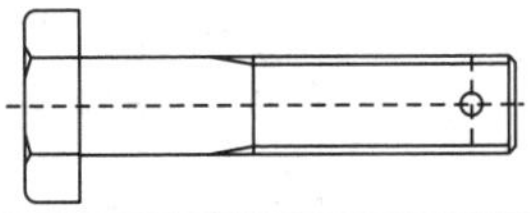	六角头头部带孔螺栓、六角头螺杆带孔螺栓等
		双头螺柱	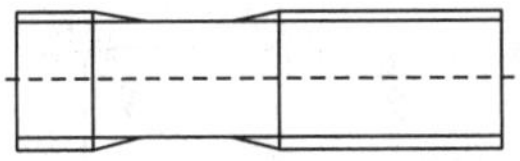	等长/非等长双头螺柱、焊接螺柱等
		螺钉（十字槽沉头螺钉）	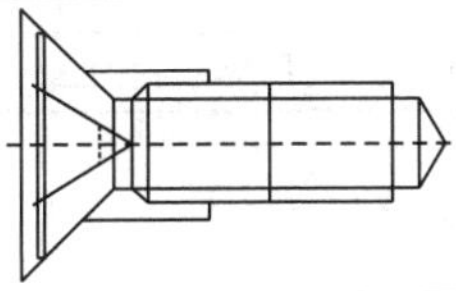	十字槽沉头螺钉、十字槽盘头螺钉、十字槽盘头螺钉带垫圈组合件等
		自攻螺钉（十字槽盘头自攻螺钉）	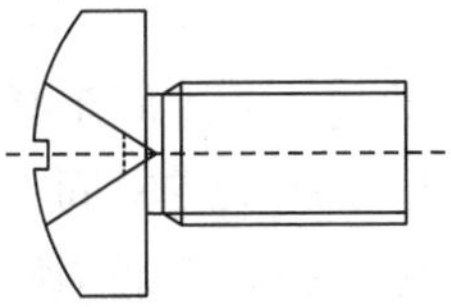	十字槽沉头自攻螺钉、十字槽盘头自攻螺钉、十字槽大半圆头自攻螺钉等
	内螺纹	六角螺母	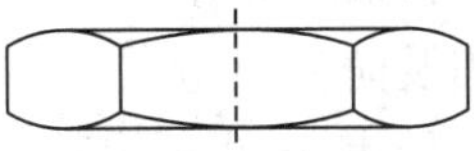	六角螺母、六角薄螺母、六角厚螺母、六角法兰面螺母、焊接螺母等
		六角槽形螺母	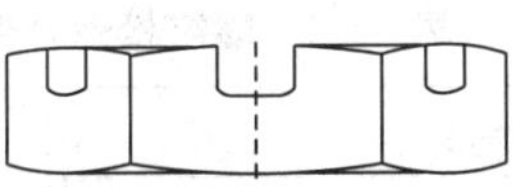	六角槽形螺母、六角槽形薄螺母等
管螺纹		直通接头（球面式）	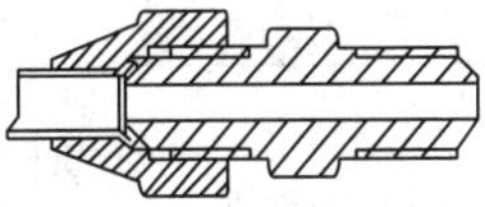	直通、弯头、三通等（分卡套式——标准件、球面式接头和平面接头式）
		直通接头（平面式）	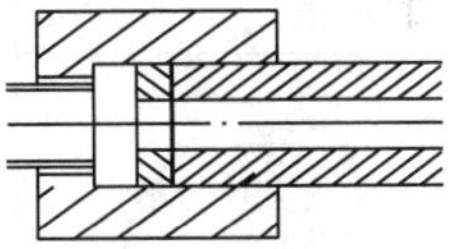	
		六角穿孔螺栓		六角穿孔螺栓

续表4－8

螺纹副	紧固件名称	简图	常用品种
锥螺纹	锥螺纹直通接头体		锥螺纹直通接头体、锥螺纹直角接头体、锥螺纹三通接头体等
车轮螺母	球面螺母		球面螺母（左/右旋）、锥面螺母（左右旋）、法兰球面螺母（左/右旋）
	内螺母		内螺母（左/右旋）

2. 拧紧力矩的管理基础

（1）螺纹紧固的四种错误。

①紧固作业者的错误：忘记紧固，或紧固工具使用不当（工具正确）。

②紧固方法的错误：紧固次序不当，或紧固工具选择欠妥（工具不正确）。

③紧固工具的错误：工具精度不高，性能不好。

④紧固连接件的错误：零部件尺寸超差，材质不好，螺纹润滑不良。

（2）螺纹松弛的分类、原因及防松措施。

①螺纹松弛的分类与原因（如表4－9所示）。

表4－9 螺纹松弛分类表

	分类	原因
螺栓无倒转时产生的松弛	1. 初期松弛	接触部分凹凸处由于磨合而变平
	2. 陷没松弛	座面塑性变形
	3. 微动磨损引起的松弛	接触表面横向变位引起磨损
	4. 密封材料永久变形引起的松弛	密封件等老化
	5. 螺栓紧固过紧引起的松弛	螺栓塑性变形
	6. 热因素引起的松弛	发生内应力变化，各部分热膨胀不同
螺栓倒转时产生的松弛	7. 轴垂直方向振动外力引起的松动	座面部、螺栓部分相对位移
	8. 轴向振动外力引起的松动	
	9. 轴横向冲击力引起的松动	
	10. 轴向冲击力引起的松动	冲击引起螺栓座面部压缩力消失或减少

②防松措施。

实际工作中，外载荷有振动、变化及材料高温蠕变等会造成摩擦力减少，螺纹副中

正压力在某一瞬间消失、摩擦力为零，从而使螺纹连接松动，如经反复作用，螺纹连接就会松驰而失效。为防止紧固件松动，除保证有效的轴力（预紧力）外，通常加装防松元件或采用带锁齿螺栓，或直接锁死。

A. 摩擦防松：如双螺母、弹簧垫圈、自锁螺母等。

B. 机械防松：如开槽螺母与开口销、圆螺母与止动垫圈/止动垫片等。

C. 化学防松：黏合（如螺纹涂密封胶）。

D. 永久防松：端铆、冲点、点焊。

（3）拧紧工具的选择。

根据使用条件分，主要有手动、气动和电动工具。

根据拧紧扭矩分，主要有定扭工具和非定扭工具。

根据制造商分，有进口和国产工具。

拧紧工具主要是根据螺栓强度相应的拧紧扭矩而选择的。

①定扭工具（如表 4－10 所示）。

表 4－10 定扭工具

定扭工具类型		优缺点	拧紧精度	控制方式
手动定扭工具	定值扳手	价格便宜、劳动量大	8%	扭矩控制
气动定扭工具	油压脉冲	无反作用力、精度不高	10%	扭矩控制
	定扭扳手	精度高、有反作用力	7%	扭矩控制
电动定扭工具	电动枪	方便、但适用扭矩小	5%	扭矩控制
	电动拧紧机	精度高、价格昂贵	3%	扭矩＋角度控制

②非定扭工具常用的有冲击扳手、开口扳手、棘轮扳手、螺丝刀等（如表 4－11 所示）。

表 4－11 非定扭工具

螺栓大小	施力部位	主要方法	施力大小（开口扳）	冲击扳型号（国产）
M6 以下	手腕力	用食指、中指和大拇指拿着扳手，仅用手腕力旋转。	$L=10$ cm	B6
			$F\approx5$ kg	
M6～M10	肘力	紧紧握住扳手的手柄端部，用臂力旋转。	$L=12$ cm	B10
			$F\approx20$ kg	
M12～M14	臂力	紧握住扳手的手柄端部，用臂力旋转。	$L=15$ cm	B16
			$F\approx50$ kg	
M20 以上		用力叉开双脚，尽全身重量和全力来拧紧。	$L=30$ cm 以上	B20/B30
			$F\approx100$ kg	

③拧紧工具的选择。

有扭力要求的工具，应选用定扭工具。

在选用定扭工具时，应考虑：

产品结构——工具使用的方便性（能否加反作用力杆）。

现场环境——工具使用的方便性（能否悬挂），噪音。

工艺参数——工具型号的扭力范围的适用性及精度等级。

制造厂商——工具的可靠性和服务质量（尽量集中厂商）。

生产效率——工具是否适应装配线速。

3. 常用标准件的紧固技巧及螺纹连接注意事项

（1）螺栓连接扭矩的重要性。

扭矩衡量螺栓（母）紧固程度，不同螺栓（母）其扭矩大小应不同，同一尺寸的螺栓（母）因其粗牙、细压、性能等级不同，扭矩也不同。扭矩应与螺栓（母）规格对应，过小不能可靠紧固，导致零件脱落；过大可能超出螺栓的强度，导致螺栓变形，甚至断裂、滑丝等。

（2）扭矩检验方法。

①一般紧固件检验。

一般紧固件拧紧力，用感觉判定拧紧程度。对有弹簧垫圈的部位，用观察弹簧垫开口是否完全压平的方法来判定拧紧程度。对无弹簧垫圈，或虽有弹簧垫圈但观察困难的部位，采用同被检件相适应的标准开口扭力扳手以扭紧方式进行检验，以手感判定拧紧程度。扳手不转动或转动不超过半圈的，判为紧固；扳手转动超过半圈的，判为松动。

②重要紧固件检验。

重要部位螺纹连接的拧紧力矩依据企业产品技术条件，采用拧紧法检验。检验操作时，用力要平稳，逐渐增加力矩，切忌冲击。扭力扳手拧紧时刚刚转动的瞬间，因克服螺栓或螺母静摩擦力，力矩瞬时偏高，这时的力矩不是螺栓的真正拧紧力矩，扭力扳手继续转动，扭矩回落到短暂稳定状态，此时的力矩即为螺栓螺母拧紧力矩。

③关键紧固件检验。

对关键紧固件，使用扭力扳手采用转角法进行检验。检验时，先在被检螺母（螺栓头）或套筒与连接零件上划一条线痕，确认螺母与连接件的相互原始位置，用扭力扳手将螺母拧松，然后再将螺母拧紧到对准线痕的原始位置，此时的力矩即为螺母螺栓的拧紧力矩。采用开口销、带翅锁片装置的螺母，允许超力矩上限对准第一个开口。

（3）连接注意事项。

①连接的分类。

A. 按连接时是否需要使用连接件，可分为使用连接件和不使用连接件两大类。

B. 按拆开连接时是否损坏连接件或被连接件，可分为可拆连接和不可拆连接。

②连接的应用。

不可拆连接主要应用于化工设备、冶金设备、建筑构架等用板材、型材制成的大型框架、设备中，以及机器的外壳、蒙皮和支架等部分。

可拆连接应用最广的是螺纹紧固连接。螺纹紧固连接既可以通过螺纹紧固件（包括

螺栓、螺钉、螺柱、螺母以及垫圈等）来连接被连接件，又可以通过在被连接件上直接加工出内外螺纹来实现。

③螺纹连接注意事项。

用气扳手紧固和松开螺栓（螺母）时，扳手不能过于松旷，避免因用力过大而导致扳手松脱。

使用气螺刀或螺丝刀装拆开槽螺钉时，刀头与槽口的尺寸要适合，无论是拧紧还是旋松，均要用力将螺丝刀头顶住螺钉，避免损坏螺钉槽口，造成装拆困难。

螺栓连接中，当工件孔是腰形孔，或工件为薄板件时，与工件接触处应使用大平垫。

在向螺栓上拧紧螺母或向螺孔内拧紧螺栓时，一般得用手先旋进一定距离。具体做法是在旋进螺栓（螺母）两三圈后，若感觉阻力加大，则不要用扳手加力拧进，而是要拆下，查明原因，以防止螺纹牙损坏；若是螺纹损坏或有焊渣或是被少量蒙皮遮住，可用板牙和丝锥修理；若是螺纹错扣引起，则应用手重新旋进。对一些重要连接，如后桥机架连接螺栓、方向机摇臂螺栓、方向盘紧固螺栓 、轮胎螺栓等，必须用扭力扳手按技术文件上规定的扭力紧固，在一些没有规定值的情况下，可根据螺纹的机械性能等级（螺栓头上打有记号，对照附表的内容）进行螺纹的紧固。拖拉机上一般使用性能等级8.8级及以上的螺栓和螺母，所以如发动机装箱拆下的普通螺栓（4.8级）不能使用。

每种螺栓都有一个安全力矩，在安全力矩范围内拧紧螺栓，才不会出现断裂、拉伸和滑丝等损坏，所以在用气扳机紧固螺栓时，不得超过螺栓力矩上限值。在紧固机架后桥连接螺栓、轮胎螺母、传动轴螺栓时，必须依对角线分多次拧紧。必须先预紧后用扭力扳手复紧，不能用气扳机一次将螺母打紧，比扭力扳手复紧的扭力还大。超过规定的扭矩也是不允许的。

在拆装返修车辆时，当遇到螺纹锈死的情况时，切不可盲目加大力臂强行拧动，可先用铁锤轻轻打击螺栓头，振动锈层，也可反向拧回后，再向外拧出。或者采用柴油浸滑和加热等方法使锈层松脱，再慢慢退出螺栓。上面的方法无效时，可用錾子铲松或铲除螺母或螺栓头。

对用双螺母紧固的部位，必须先将第一个螺母紧固，再上第二个螺母，在紧固第二个螺母时，必须用开口扳手将第一个螺母卡住，然后用气扳机紧固第二个螺母。

螺栓装配时穿入方向规定，一般应由外向里，螺栓头部留在外面，螺母在内侧紧固。

开口销穿轴侧面一定要先套上平垫，再将开口销两脚分开120°以上，不允许单脚张开。

4. 外六角螺栓头部对边尺寸与套头、叉扳手等常用工具的配合关系（如表 4—12 所示）

表 4—12 国际常用外六角螺栓头部对边尺寸及配合使用的国标扳手

螺纹直径/对边尺寸	头部对边尺寸	套筒扳手	两用扳手	双头开口扳手	双头梅花扳手
	S	S	S	S1×S2	S1×S2
M5	8	8	8	7×8	7×8
M6	10	10	10	10×11	10×11
M8	13	13	13	13×16	13×16
M10	16	16	16	13×16	13×16
M12	18	18	18	18×21	18×21
M14	21	21	21	18×21	18×21
M16	24	24	24	24×27	24×27
M18	27	27	27	24×27	24×27
M20	30	30	30	30×34	30×34
M22	34	34	34	30×34	30×34
M24	36	36	36	36×41	36×41
M27	41	41	41	36×41	36×41
M30	46	46	46	46×50	46×50

二、零部件润滑知识

1. 润滑的意义及作用

合理的润滑能减少零部件间的摩擦，延长零部件的寿命，避免因摩擦热导致零件表面烧损，操作灵活、省力。

（1）润滑作用：润滑剂在摩擦表面之间形成一层油膜，使两个接触面上的凸起部分不致产生撞击，并减小相互间的摩擦阻力。在润滑良好的条件下，摩擦系数可降至 0.001 或更小。

（2）冷却作用：润滑剂的连续流动，可将机械摩擦所产生的热量带走，使零件工作时温度保持在允许的范围内。

（3）洗涤作用：通过润滑剂的流动，还可使磨损下来的碎屑或其他杂质被带走。

（4）防锈作用：润滑剂可防止周围环境中水汽、二氧化硫等有害介质的侵蚀。

（5）密封作用：润滑剂对防止漏气、漏水具有一定的作用。

（6）缓冲和减振作用：润滑剂在摩擦表面之间具有缓冲和吸收振动的作用。

2. 润滑油的分类

润滑剂可分为气体、液体、半固体和固体四种基本类型，其中液体润滑剂应用最广泛，半固体润滑剂主要指各种润滑脂，黄油是润滑脂的一种；固体润滑剂是任何可以形成固体膜以减少摩擦阻力的物质，如石墨；任何气体都可作润滑剂，通常用得最多的是空气，主要用在空气轴承中。

我们在总装过程中，应用最多的润滑油和黄油，如发动机机油、变速箱齿轮油、方向机机油、钙基润滑脂等，对每个加油点，必须按照工艺卡片或部件说明中规定的机油型号和油量加注，严禁混加。不同型号的油润滑能力不一样，因为黏度、黏度指数、残炭、灰分、闪点与燃点、酸值、水分、凝点不一样（不细讲，只了解）。油量也有一定要求，既不能多加（散热不好），也不能少加（起不到润滑作用）。加黄油加注点时要加强责任心，不能漏加、少加，加注点有油顶吊耳、板簧销轴、变速拉杆活动关节处、变速箱分离轴承等。

三、三轮汽车典型工序的操作内容、操作要领

1. 三轮汽车典型零部件装配内容

(1) 手制动前拉线总成安装调整。

将手制动前拉线总成上的连接件（节叉）卡入手制动连接销，调整螺管至手制动器总成行程不超过棘轮的 2/3 位置时驻车制动有效，锁紧调整螺母。

(2) 离合器调整安装调整。

①三个分离杠杆在同一个平面上。

②离合器分离间隙：

A. 皮带传动车型：0.1～0.3 mm。

B. 轴传动车型：

单缸车型：1.5～2 mm。

多缸车型：1.5～3 mm（手试分离轴承转动灵活）。

(3) 后轮安装。

钢圈不得有划伤、去漆、磕碰、生锈现象；同一台车的轮胎型号、花纹、生产厂家相同，并与信息卡相符；轮胎气压不低于 0.3 MPa，并安装防尘帽。

(4) 线路、管路走向的安装。

①固定牢固、吊扎合理、走向顺畅、规范有序。

②线束、推拉锁、各种拉线、制动油管、高压油管、输油管、水循环管通过相应的固定环或车架纵梁孔。穿孔处应有防护套，且防护套安装牢固、到位、正确。

③电器安装牢固、正确，线路接头可靠，各部位线束应在对应的压线卡上，无脱出蛇皮管现象，线接头处橡胶绝缘皮无破损（如有破损，须缠胶布绝缘），剪断的线束头无漏包扎或漏防护现象；电瓶无损伤、磕碰现象，电瓶线安装牢固，走向合理，锥面安装正确，紧固牢固，电瓶接线柱防护套安装到位。

④制动油管防护套安装到位，制动油管固定卡无脱落，制动油管无与硬性物质相摩

擦现象，无严重人为折弯现象，制动软管不得有拧劲现象。各种胶管、输油管、水管、暖风管无折瘪和严重下垂现象，水管不得有下弯、折弯而导致的放不净水现象。各拉线无影响外观质量的下垂现象，不得有破皮现象。

（5）排气管、消音器、真空罐及吊环安装正确可靠，与其他件无干涉现象。排气管、消音器与附近的线束、橡胶管、推拉索等零部件有足够的空间，不得有易被烫伤、烧伤的现象。

（6）发动机带、发电机带、液压油泵带、空压机带各相连接的带轮前后在同一直线上，不得与线束、油管等其他部件相磨。

（7）侧窗、后窗玻璃安装。牢固到位，胶条平整，无翘起、龟裂现象。

（8）彩贴安装。平整、整齐，无气泡、翘边。

（9）车门密封胶条安装。

车门密封胶条安装平整、牢固、到位、无破裂。

（10）车门内饰板安装。平整，无明显波浪状，内饰板固定螺栓不得缺少，间距均匀，紧固到位。

（11）前风窗玻璃安装。

前风窗玻璃安装牢固、到位，胶条平整，无翘起、龟裂、接头开裂现象。玻璃不得有发花现象。

（12）后视镜安装。

后视镜紧固到位，垫皮安装方正，镜杆与镜面、镜座之间无明显松动、破裂。

（13）前饰板安装。

前饰板安装牢固到位，表面无磕碰、划伤、裂纹、变形、去漆、明显凹痕及压大灯现象。

（14）组合灯具安装。

①组合灯具周围间隙均匀，安装方正，紧固到位，无破裂现象；左右灯对称，同步向里凹应≤2 mm，同步向外凸应≤4 mm，且两灯外凸差值≤2 mm。

②转向灯与大灯间隙≤2 mm，转向灯固定爪应装在大灯固定卡里面。

（15）前挡泥罩安装。

前挡泥罩安装牢固，装饰条安装到位，无缺材或多余胶条现象。

（16）驶室底部暖风水管安装。

暖风水管拐弯处圆滑过渡无折弯现象，防护套安装到位。

（17）线套、喇叭插片安装。

①喇叭穿线套安装到位正确。

②喇叭插片插接到位、牢固，无松动现象；插片防护套安装到位、正确。

（18）仪表板、电器件、线束、暖风管、水管安装。

①仪表板、组合仪表、组合开关、收放机、扬声器、电器盒、暖风机、洗涤器等电器件安装牢固到位。

②仪表板底下的线束固定牢固，吊扎、走向合理，且各件表面不得有划伤、磕碰、干涉和安装损坏现象，不得有与各运动部件相摩擦的现象。

③水管、暖风管走向合理，拐弯处圆滑过渡，各种防护套安装到位齐全。

④24V 电器件标识齐全、牢固、清晰。

⑤固定仪表板铁皮螺丝的十字槽不得有打滑、损伤现象。

(19) 盖板安装。

前叉盖板、高低速盖板安装牢固，密封良好，不得少固定栓。

(20) 踏板自由行程。

①制动、离合踏板自有行程：18~30 mm（液压制动、液压离合须保证制动、离合总泵推杆轴用手能转动，轴向、径向活动时能感到有间隙)。

②制动、离合踏板行程≤150 mm。

③制动、离合踏板到驾驶室底板的高度：145~155 mm。

④离合拉线支撑块调整合适到位，离合拉线不得与拉线嘴相磨。

(21) 制动总泵油管安装。

制动总泵油管不得扭曲变形，不得与方向机固定座、前轮包、助力包相磨。

(22) 内部卫生、成型地板垫总成安装。

①驾驶室内部整洁卫生，无脏物；座椅表面无黑漆、油污等现象。

②成型地板垫总成安装到位、平整、牢固；座椅侧边观察孔周边内饰布裁边整齐方正，盖板紧固到位。

(23) 座椅安装。

座椅安装牢固、整齐，无歪斜，封膜无破裂，紧固件无缺少现象；座椅能正常调节靠背角度。

(24) 变速操纵杆空挡位置。

在空挡状态下，变速操纵杆必须处于中位，挡位标志正确、清晰。

(25) 天窗安装。

天窗安装牢固，开启灵活，胶条安装到位，密封良好。

(26) 棚顶加强筋、卧铺托架安装。

棚顶加强筋安装到位牢固，卧铺托架安装牢固。

(27) 内视镜安装。

内视镜安装牢固、端正，棚顶灯工作正常，安装牢固整齐，不得倾斜。

(28) 遮阳板安装。

遮阳板安装牢固、平整，能在任意位置锁止。

(29) 标识。

产品铭牌、型号牌、安全标识等字迹清晰无误，位置正确，安装端正，牢固可靠。

四、关键及重要工序的装配调整案例分析

1. 工作实例：“调整机械传动式离合器的离合间隙”工序的装配工艺要求

(1) 工步内容。

①转动离合器至一定位置，调整离合器分离杠杆端部与离合器分离轴承间隙为

0.1～0.3 mm，在同一位置调整另外两个分离杠杆，使其与分离轴承间隙同样为0.1～0.3 mm，同时保证三个杠杆调整后处于同一平面上，然后备紧各调整螺母。

控制项目：

分离杠杆与分离轴承间隙技术参数为0.1～0.3 mm，使用工具为呆扳手，检验工具为塞尺。

②调整离合拉线、离合拉杆。

A. 离合操纵机构为全拉线式：调整离合拉线，使离合踏板自由行程在18～30 mm范围内，然后备紧离合拉线调整螺母。

B. 离合操纵机构为全拉杆式：用销轴将离合摇臂焊合与离合后拉杆节叉相连接，然后套上平垫，插入开口销锁紧，保证节叉内销轴活动自如，然后备紧螺母，同时保证离合踏板自由行程在18～30 mm。

C. 离合操纵机构为后拉杆、前拉线式：调整离合后拉杆节叉，使得离合摇臂从中向后倾斜15°～25°，备紧节叉螺母，再调整离合拉线，保证离合踏板自由行程在18～30 mm范围内，然后锁紧离合拉线调整螺母。

控制项目：

离合踏板自由行程技术参数为18～30 mm，检验工具为钢卷尺。

（2）自、互、专检内容。

①自检内容：用手转动轴承，轴承转动是否顺利，调整离合拉线（杆），连接处销轴是否活动自如，离合踏板自由行程是否在18～30 mm范围内（目测、手感）。

②互检内容：离合器分离彻底，结合平稳（试车、全检）。

③专检内容：离合器分离杠杆与离合器分离轴承间隙是否为0.1～0.3 mm；用手转动轴承，轴承转动是否顺利，调整离合拉线（杆），连接处销轴是否活动自如。离合踏板自由行程是否在18～30 mm范围内，三个分离杠杆是否在同一平面上（如图4-3所示）。

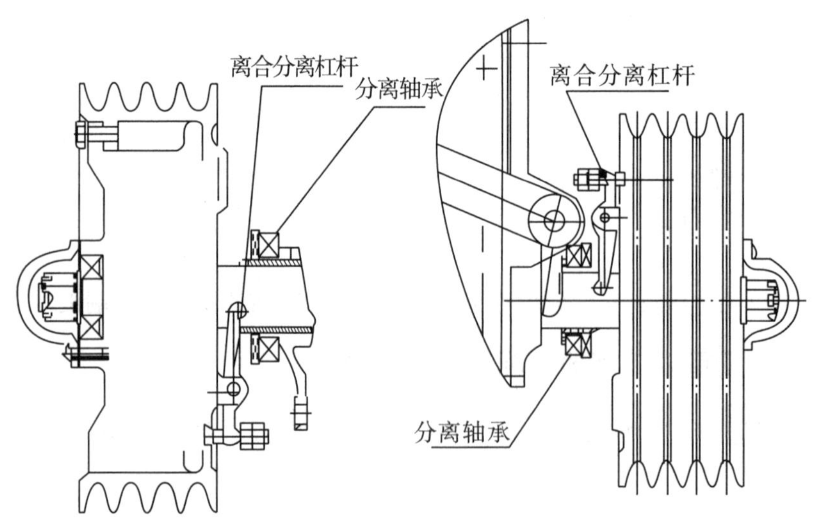

图4-3 机械传动式离合器

(3) 操作要领：三个分离杠杆与分离轴承间的调整间隙在规定范围内，其大小应一致，且调整后三个分离杠杆均在同一平面上。

2. 工作实例："调节制动、离合踏板高度"工序的装配工艺

(1) 工步内容。

①调整踏板高度：将备有制动踏板、离合踏板的踏板支架焊合固定在踏板支架调整定位架上（如图 4-4 所示)，然后，将限位模靠在脚踏板上方，调整限位螺栓并锁紧，同时调整刹车开关并锁紧，保证制动踏板、离合踏板的脚踏板与限位模限位高度一致（即保证制动、离合踏板距踏板支架焊合下固定孔的距离为 125 mm)。

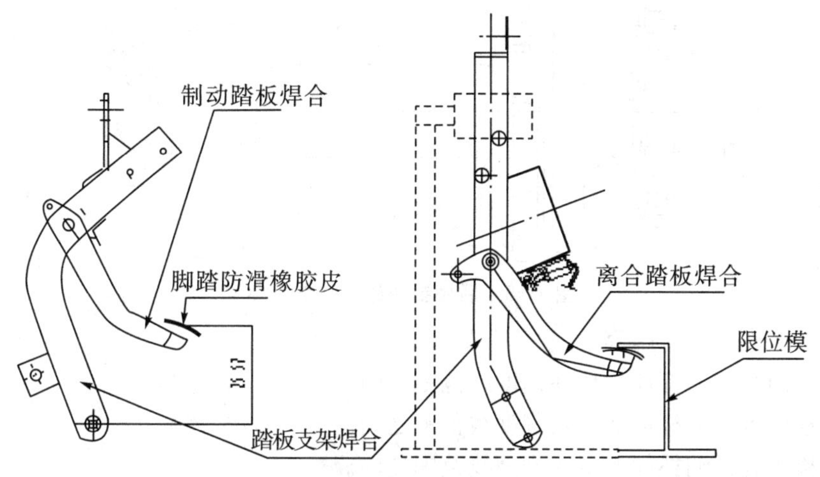

图 4-4 踏板安装

控制项目：

踏板高度的技术参数为 125 mm，检验工具为钢卷尺等（具体见工艺文件)。

②在离合踏板焊合、制动踏板焊合上分别安装脚踏防滑橡胶皮。

(2) 自、互、专检内容。

①自（互）检内容：制动踏板是否与离合踏板高度一致、长度一致（目测、手感)。

②专检内容：制动踏板是否与离合踏板高度一致、长度一致。

(3) 操作要领：制动踏板应与离合踏板高度一致、长度一致。

3. 工作实例："加刹车油、排气调整"工序的装配工艺

(1) 工步内容。

往刹车油杯内加注刹车油（GB 10830—1998-IG2)，达到规定油位（制动油杯的 1/2～2/3)。

后操作工松开后桥制动毂的放油螺栓并发出信号通知前操作工，前操作工连续踩制动踏板数次，后操作工发出放油螺栓有油溢出信号时，前操作工踩住制动踏板。后操作工拧紧放油螺栓后再次发出信号，前操作工连续踩制动踏板数次，感觉有制动力时用力踩住制动踏板发出信号，通知后操作工开始放油。后操作工松开放油螺栓，检查有无气体排出并拧紧放油螺栓，如有气体排出发出信号，前操作工重复排气操作。如无气体排出，检查是否漏油。

控制项目：

制动管内排气、漏油的技术参数为排气彻底、无漏油，使用工具为呆板手，检验方法为目测。

前操作工检查、补充刹车油杯油量，使其油位达到刹车油杯的 1/2～2/3 处（如图 4－5所示）。

控制项目：

油量的技术参数：刹车油杯的 1/2～2/3 。

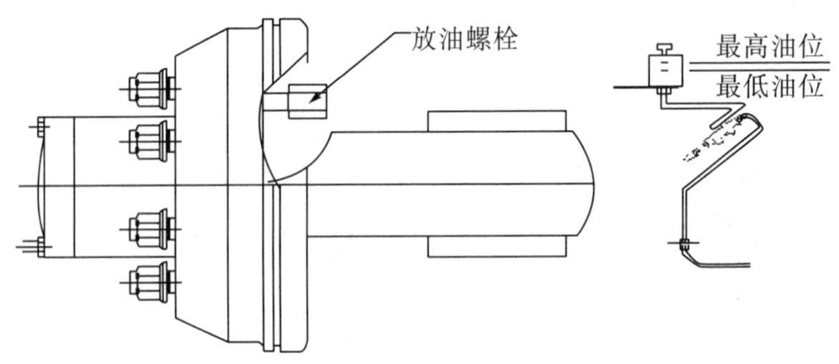

图 4－5　后桥制动毂与刹车油杯

（2）自、互、专检内容。

①自检内容：油杯加油量在刻度线范围之内。

②互检内容：油杯加油量在刻度线范围之内。

③专检内容：油杯加油量在刻度线范围之内。

（3）操作要领：管路必须放完气，制动液必须清洁。控制放油螺栓溢出油量，不得使制动油流到地面上。拧紧放油螺栓后不得有制动液溢出。

4. 工作实例："安装固定转向机"工序的装配工艺

（1）"安装固定蜗轮蜗杆转向机"工序的装配工艺（如图 4－6 所示）。

①工步内容。

A. 将转向机用螺栓、平垫、弹垫、螺母安装在转向机固定板上。

B. 摆正前轮，在转向柱上安装平键，将中间转向摇臂装在转向柱上，旋上螺母 M20×1.5，并紧固。

控制项目：

扭矩技术参数：160～200 N·m。使用工具：B16＃气扳机。检验工具：指示表式扭力扳手 350。

C. 在转向轴上部开口销处插入 4×35 开口销并锁紧，然后紧固转向机座固定螺栓，用果绿漆做紧固标记。

控制项目：

扭矩技术参数：M820～30 N·m，M1060～80 N·m。使用工具：气扳机，检验工具：指示表式扭力扳手 350。

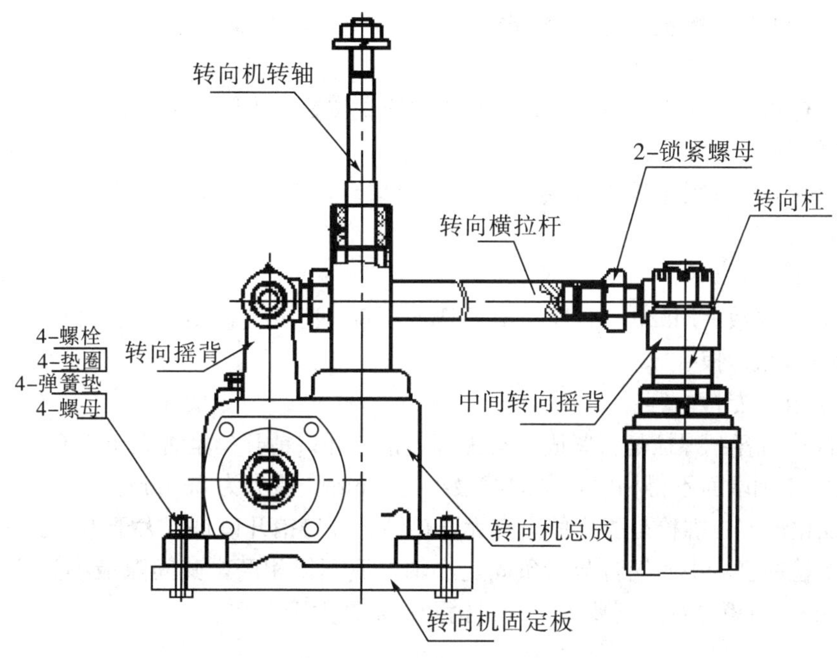

图 4-6 蜗轮蜗杆转向机

②自、互、专检内容。

A. 自检内容：螺栓是否紧固，有无开口销。开口销开口是否大于 180°，有无紧固标记。

B. 互检内容：螺栓是否紧固，有无开口销。开口销开口是否大于 180°，有无紧固标记。

C. 专检内容：转向机固定螺栓、中间转向摇臂固定螺母扭矩是否达到要求，开口销开口是否大于 180°，有无紧固标记。

(2) 齿条式方向机（如图 4-7 所示）。

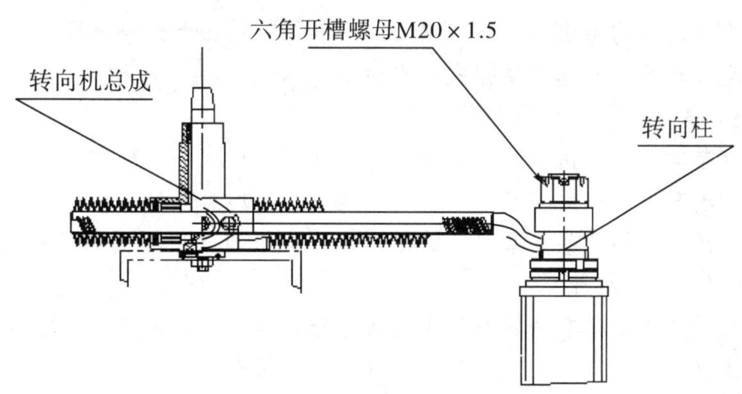

图 4-7 齿条式方向机

①工步内容。

A. 摆正前轮，在转向柱上安装平键，将摇臂安装在转向柱上，将方向机用螺母、平垫、弹簧垫圈、螺栓安装在转向机固定板上，在转向柱上旋上六角开槽螺母M20×1.5。

B. 检查调整方向机中间摇臂，使其摆到任意位置，中间摇臂与齿条固定小轴端面之间间隙在2~25 mm之间。

C. 紧固方向机固定螺母及转向摇臂固定螺母，在转向柱开口销孔处插入开口销4×35并锁紧。

控制项目：

扭矩技术参数：M820~30 N·m，M1060~80 N·m。使用工具：气扳机。检验工具：指示表式扭力扳手350。

②自、互、专检内容。

A. 自检内容：螺栓是否紧固，有无开口销。开口销开口是否大于180°，中间摇臂与齿条固定小轴端面不得相磨，其间隙最小为2 mm，最大为25 mm。

B. 互检内容：螺栓是否紧固，有无开口销。开口销开口是否大于180°。

C. 专检内容：中间摇臂与齿条固定小轴端面不得相磨，其间隙最小为2 mm，最大为25 mm，扭矩是否达到要求，开口销开口是否大于180°。

任务拓展

根据任务内容能够在三轮汽车的装配中熟悉工具的扭矩要求。同时，对于三轮汽车的部分构件进行简单的安装调整。

项目测练

一、填空题

1. 三轮汽车总体构造由（　　）、（　　）、（　　）三大部分组成。

2. 农用运输车的离合器为摩擦式，它由（　　）、（　　）和（　　）组成，主要有（　　）离合器和（　　）离合器两种。

3. 产品（整车）型号由（　　）、（　　）、（　　）、（　　）和（　　）组成。

4. 农用运输车的连体后桥包括（　　）和（　　）两部分。

5. 根据生产类型和产品复杂程度的不同，装配工作采用不同的组织形式，一般分为（　　）和（　　）两种。

6. 联体后桥按照半轴在半轴套管中的状态分为（　　）和（　　）两种。

7. 底盘由（　　）、（　　）、（　　）、（　　）组成。

8. 润滑剂可分为（　　）、（　　）、（　　）和（　　）四种基本类型。

9. 组件由多种零部件组成，包括（　　）、（　　）和（　　）。

10. 对比较复杂的产品，其装配工作分为（　　）和（　　）。

二、选择题

1. 据装配结构的具体情况，按照（　　）规律去确定其他零件或装配单元的装配顺序。

A. 先上后下　　B. 先外后里　　C. 先难后易　　D. 先一般后精密

2. 根据零部件在整车的装配方位，不可在名称前加（　　）。

A. 左、右　　B. 前、后　　C. 上、下　　D. 中、底

3. 装配技术“三按”的内容不包括（　　）进行生产。

A. 按图纸　　B. 按图样　　C. 按工艺　　D. 按标准

4. 装配技术“三定”的内容为（　　）。

A. 定人　　B. 定机　　C. 定工位　　D. 定工种

5. 材料开始产生宏观塑性变形时的应力为（　　）。

A. 屈服强度　　B. 抗拉强度　　C. 屈强比　　D. 最大拉应力

6. 单缸后桥加油量六挡 L—CLD 中载荷车辆齿轮油（GL—4）为（　　）。

A. 2.6 L　　B. 2.7 L　　C. 2.8 L　　D. 2.9 L

7. 下面不属于外螺纹的是（　　）。

A. 六角螺栓　　B. 双头螺柱

C. 自攻螺钉　　D. 六角螺杆带孔螺栓

8. 螺纹松弛的分类不包括（　　）。

A. 初期松弛　　B. 陷没松弛

C. 微动磨损引起的松弛　　D. 密封材料初期变形引起的松弛

9. 下列哪一项不是摩擦防松？（　　）

A. 双螺母　　B. 弹簧　　C. 弹簧垫圈　　D. 自锁螺母等

三、简答题

1. 农用三轮汽车装配的定义是什么？

2. 叙述轴承装配前的注意事项。

3. 总装配时应注意的事项有哪几个?

4. 装配的方法有哪几种?

5. 扭矩检验方法有哪几种?

6. 离合器安装调整的注意事项有哪些?

附件：

任务工单

<table>
<tr><td>任务名称</td><td colspan="5">三轮汽车的相关知识</td></tr>
<tr><td>姓名</td><td colspan="2"></td><td>班级</td><td colspan="2"></td></tr>
<tr><td>组号</td><td colspan="2"></td><td>日期</td><td colspan="2"></td></tr>
<tr><td>任务目的</td><td colspan="5">学习三轮汽车的定义、种类、产品特点和用户群体的特点，以及三轮汽车的总体结构和编号规则。</td></tr>
<tr><td>学生学习形式</td><td colspan="5">分组学习，以组长为中心，查阅资料，相互讨论，共同进步。</td></tr>
<tr><td>环节</td><td colspan="4">内　容</td><td>批准及备注</td></tr>
<tr><td>资讯</td><td colspan="4">1. 三轮汽车的概念是什么？
2. 三轮汽车的种类？
3. 三轮汽车的产品特点和用户群体特点？
4. 三轮汽车总体结构和编号规则？</td><td></td></tr>
<tr><td>工作任务</td><td colspan="4">1. 每个同学能够掌握三轮汽车的相关内容。
2. 每个同学能够识别汽车装配工具。</td><td></td></tr>
<tr><td rowspan="7">实施</td><td colspan="4">计划和决策</td><td rowspan="7"></td></tr>
<tr><td colspan="2">制定人员分工</td><td>所需资料与工具设备</td><td>制定任务计划</td></tr>
<tr><td>组号</td><td></td><td rowspan="3"></td><td rowspan="3"></td></tr>
<tr><td>组长</td><td></td></tr>
<tr><td>组员</td><td></td></tr>
<tr><td colspan="4">1. 需要的资料与工具设备。
2. 小组成员分工。
3. 任务完成计划。</td></tr>
<tr></tr>
<tr><td>检查
评估</td><td colspan="4">1. 请根据自己任务完成的情况，对自己的工作进行自我评估，并提出改进意见。
2. 教师对小组工作情况进行评估，并进行点评。</td><td></td></tr>
</table>

任务工单

<table>
<tr><td>任务名称</td><td colspan="5">汽车装配的基础知识</td></tr>
<tr><td>姓名</td><td colspan="2"></td><td>班级</td><td colspan="2"></td></tr>
<tr><td>组号</td><td colspan="2"></td><td>日期</td><td colspan="2"></td></tr>
<tr><td>任务目的</td><td colspan="5">1. 了解装配的基本概念。
2. 三轮汽车装配基础知识。
3. 三轮汽车产品总装配操作内容要点。
4. 三轮汽车一般部件的装配要点。
5. 能牢记三轮汽车装配所用工具。</td></tr>
<tr><td>学生学习形式</td><td colspan="5">分组学习，以组长为中心，查阅资料，相互讨论，共同进步。</td></tr>
<tr><td>环节</td><td colspan="4">内　容</td><td>批准及备注</td></tr>
<tr><td>资讯</td><td colspan="4">1. 装配的概念是什么?

2. 三轮汽车装配经常使用的工具有那些?</td><td></td></tr>
<tr><td>工作任务</td><td colspan="4">1. 每个同学能够掌握汽车装配的相关内容。
2. 每个同学能够识别汽车装配工具。</td><td></td></tr>
<tr><td rowspan="6">实施</td><td colspan="4">计划和决策</td><td rowspan="6"></td></tr>
<tr><td colspan="2">制定人员分工</td><td>所需资料与工具设备</td><td>制定任务计划</td></tr>
<tr><td>组号</td><td rowspan="3"></td><td rowspan="3"></td><td rowspan="3"></td></tr>
<tr><td>组长</td></tr>
<tr><td>组员</td></tr>
<tr><td colspan="4">1. 需要的资料与工具设备。
2. 小组成员分工。
3. 任务完成计划。</td></tr>
<tr><td>检查
评估</td><td colspan="4">1. 请根据自己任务完成的情况，对自己的工作进行自我评估，并提出改进意见。

2. 教师对小组工作情况进行评估，并进行点评。</td><td></td></tr>
</table>

任务工单

<table>
<tr><td>任务名称</td><td colspan="4">三轮汽车标准件基础知识以及重要构件的调整</td></tr>
<tr><td>姓名</td><td></td><td>班级</td><td colspan="2"></td></tr>
<tr><td>组号</td><td></td><td>日期</td><td colspan="2"></td></tr>
<tr><td>任务目的</td><td colspan="4">1. 在装配三轮汽车的过程当中，为了保证汽车的生产效率，必须学会标准件的基础知识。
2. 掌握三轮汽车重要构件的调整。</td></tr>
<tr><td>学生学习形式</td><td colspan="4">分组学习，以组长为中心，查阅资料 ，相互讨论，共同进步。</td></tr>
<tr><td>环节</td><td colspan="3">内　容</td><td>批准及备注</td></tr>
<tr><td>资讯</td><td colspan="3">1. 三轮汽车标准件基础知识。

2. 三轮汽车重要构件的调整。</td><td></td></tr>
<tr><td>工作任务</td><td colspan="3">1. 每个同学能够掌握汽车装配的相关内容。
2. 每个同学能够识别汽车装配工具。</td><td></td></tr>
<tr><td>实施</td><td colspan="3"><table>
<tr><td colspan="4">计划和决策</td></tr>
<tr><td colspan="2">制定人员分工</td><td>所需资料与工具设备</td><td>制定任务计划</td></tr>
<tr><td>组号</td><td></td><td></td><td></td></tr>
<tr><td>组长</td><td></td><td></td><td></td></tr>
<tr><td>组员</td><td></td><td></td><td></td></tr>
</table>
1. 需要的资料与工具设备。
2. 小组成员分工。
3. 任务完成计划。</td><td></td></tr>
<tr><td>检查
评估</td><td colspan="3">1. 请根据自己任务完成的情况，对自己的工作进行自我评估，并提出改进意见。

2. 教师对小组工作情况进行评估，并进行点评。</td><td></td></tr>
</table>

任务工单

<table>
<tr><td>任务名称</td><td colspan="5">发动机装配的典型任务</td></tr>
<tr><td>姓名</td><td colspan="2"></td><td>班级</td><td colspan="2"></td></tr>
<tr><td>组号</td><td colspan="2"></td><td>日期</td><td colspan="2"></td></tr>
<tr><td>任务目的</td><td colspan="5">1. 了解发动机装配的主要工序。
2. 掌握主要装配工序装配的内容要点。
3. 了解装配过程中需检验的内容。</td></tr>
<tr><td>学生学习形式</td><td colspan="5">分组学习，以组长为中心，查阅资料，相互讨论，共同进步。</td></tr>
<tr><td>环节</td><td colspan="4">内　容</td><td>批准及备注</td></tr>
<tr><td>资讯</td><td colspan="4">1. 发动机装配的主要工序有哪些？

2. 发动机装配经常产生的缺陷有哪些？</td><td></td></tr>
<tr><td>工作任务</td><td colspan="4">1. 每个同学能够掌握汽车装配的相关内容。
2. 每个同学能够识别汽车装配工具。</td><td></td></tr>
<tr><td rowspan="7">实施</td><td colspan="2">计划和决策</td><td colspan="2"></td><td rowspan="7"></td></tr>
<tr><td colspan="2">制定人员分工</td><td>所需资料与工具设备</td><td>制定任务计划</td></tr>
<tr><td>组号</td><td rowspan="3"></td><td rowspan="3"></td><td rowspan="3"></td></tr>
<tr><td>组长</td></tr>
<tr><td>组员</td></tr>
<tr><td colspan="4">1. 需要的资料与工具设备。

2. 小组成员分工。

3. 任务完成计划。</td></tr>
<tr><td colspan="4"></td></tr>
<tr><td>检查
评估</td><td colspan="4">1. 请根据自己任务完成的情况，对自己的工作进行自我评估，并提出改进意见。

2. 教师对小组工作情况进行评估，并进行点评。</td><td></td></tr>
</table>

参考文献

[1] 王宏. 汽车装配与调试技术 [M]. 成都：西南交通大学出版社，2013.
[2] 吴继宗. 发动机构造与维修 [M]. 南京：江苏教育出版社，2013.
[3] 杨旭，吴书豪. 汽车装配与调试 [M]. 天津：天津科学技术出版社，2013.
[4] 曾东建. 汽车制造工艺学 [M]. 北京：机械工业出版社，2013.